搾取されない！／だまされない！／損をしない！

20代からの働き方とお金のこと

みんなの働き方改革研究会＝著

祥伝社

プロローグ　悪知恵を知り、対抗するために

サトウさん（仮名）は小さな会社で働いています。サトウさんの会社は、基本給が低く、月60時間の残業をしてやっとまともな給料でした。社長はワンマンで、サトウさんたち従業員へのパワハラが当たり前のように行なわれていました。離職率が高く人材が育たないため、仕事の効率は悪くなる一方で、業績が上がる見通しもありませんでした。

忙しい時期は残業が月60時間をはみ出すこともありました。しかし会社は「60時間を超えた分は払わない。タイムカードを押してから働くように」と命じます。**逆らえば暴力を振るわれたり、最悪クビにされてしまうかもしれないので、サトウさんは泣く泣く従うしかありませんでした。**

「もう無理だ、辞めよう」

我慢の限界に達し、ついに退職を決意したサトウさん。退職届を社長に提出したところ、このように言われてしまいました。

「退職届は2カ月前に出すようにと社内規則で決まっている。違反しているので罰金10万円だ。あと、次の人を雇うために求人をするから広告費もかかる。よって最後の月の給料

は出さない」

早く苦痛から解放されたかったサトウさんは渋々承諾し、逃げるようにして会社を去ったのでした。


こんなブラック企業、誰だって入社したくないですよね。

でも、ブラック企業は今もこの日本のどこかにあります。


なぜなくならないのか。

ちょっとでも安く人をこき使おうと、悪知恵を働かすことに必死な会社が多いからなのか。

ブラック企業を嗅ぎ分ける力が私たちに備わっていないからなのか。

みんなお金のことが気がかりで、現状改善を後回しにしているからなのか。

正しい知識を持たず、労働者を守るシステムを活用できていないからなのか。

たぶん、その全部でしょう。なので、この本ができました。

生活のために頑張って働く人たちを陥《おとしい》れようとする、ブラック企業やブラック社長の悪知恵、お金にまつわる悪知恵をこの本に詰め込んでいます。

悪知恵を自分の知恵にすることで、危険察知能力を伸ばすことができます。加えて、悪知恵に対抗する方法も知恵にできるので、いざ直面したときにも、サトウさんのように人生に絶望することなく済みます。

日々、悪い知恵は量産されています。すべての悪知恵を把握するのは難しいでしょう。でも察知能力があれば、事前に気づく方法、逃げる方法、助かる方法も自ずと見つけることができます。

エピソードを多めに盛り込んでいるので、物語のように読みやすくなっています。プライバシーへの配慮やわかりやすさの重視から、多少のアレンジはしていますが、すべて実話をベースにしていることを明言しておきます。

生き方は自由。仕事の選び方も自由。だからブラック企業を引いちゃっても自己責任。騙《だま》されるほうが悪い。自分でなんとかしなさい。

そんな世の中、無責任です。

多様性の時代、自分らしく生きられる時代だからこそ、悪いことを考える人、誰かを陥れようとする人は増えます。彼らに対抗するための正しい知恵と、正しい手段を、この本をきっかけに知ってください。そして本当の意味で、自分らしい人生を全うできるようになってください。

みんなの働き方改革研究会

CONTENTS

第2部 悪知恵以前の基本知識 「知らなかった」と損しないために

第3部 ボクらも使える？ お金に関するちょっといい知恵&悪知恵

ブックデザイン 田村梓(ten-bin)
マンガ ザックKT-4
構成 小西秀昭
編集協力 細川工房
校正 円水社
DTP キャップス

第1部

会社の悪知恵と反撃方法

1-1

悪知恵に対抗するための三つの鉄則

ブラック企業撃退には「必勝法」があります。

必要な行動
必要な知識
必要な心構え

悪知恵を知る前に、まずはあなたに「入れ知恵」します。

悪知恵対抗!! 三つの鉄則!

悪知恵対抗!!
三つの鉄則!
役立たず！
鉄則①
トーク履歴・音声を証拠に！
その社内ルール違法ですよ！
タイムカードは…
出勤時 着替える前 打刻するな！
退勤時 着替える前 打刻しろ！
クソ！バレたか！
鉄則②
社内規則より
法律が絶対！
鉄則③
一番大切なのはアナタの命

鉄則1

「おかしい」と感じたら記録を残す！

「上司のしつこい説教、パワハラなのではないか」
「最初に言われていたのと労働条件が違う」
「タイムカードを押してから残業するように言われた」
「待機時間は労働時間外だと言われた」
「給料から謎の名目で天引きされている」
「給与明細をくれない」
「給料の計算方法に納得いかない」

このような疑問や不満、「おかしいぞ」とブラック企業の気配を感じ取ったら、必ず記録を入手し保管することを心がけよう。何も証拠を持たずに会社に訴え出ても、証拠隠滅をされてしまえばそれまで。そのような隙を会社に与える前に、先手を打って記録を自分の手元に残しておくのだ。

社内サーバーにアクセスしないと手に入らないデータは、アクセス権のあるうちに入手しておくこと。モメてからだとアクセス権を外されたり、データを消されてしまう。パソコンの画面をスマホで撮影しても問題はない。ただし、スマホが故障してデータを取り出せなくなるのは困るので、自宅のパソコンへ転送あるいはプリントアウトして、二重三重で保管しておこう。

ハラスメントや労働条件に関しては、会社側との会話を録音するのが反撃手段として効果抜群。「無断で録音するのはルール違反」「証拠として扱ってもらえない」という噂を耳にしたことがあるかもしれない。**しかしこれはまったくの嘘！「自分と誰かとの会話の録音」**自体は問題ない。ハラスメントや違法行為の証拠を残す目的での録音は、実際の裁判でも証拠として扱われている。

ただし反社会的な手段だとして証拠として認められない録音もある。たとえば、あらかじめ会議室などに録音機を仕掛けて他人同士の会話を録音すること。これは盗聴行為なので条件によっては証拠として扱ってくれない可能性がある。自分も参加している場所での会話を録音しよう。他に、録音したものをSNSなどで不特定多数に公開することも、ケースによっては罪に問われる可能性がある。

メールも記録として残しておくのがいいし、メモや日記も証拠としての効力がある。

もし手元に一切証拠がなければ、会社の不当な行為を証明することはできず、未払いの残業代や損害賠償の請求をすることは難しい。

この後もことあるごとに**「記録を残しておこう」**という提案をするが、それだけ大事なことだと思ってほしい。

鉄則2

社内規則より法令が優先される

会社にはそれぞれ就業規則といって、社内に属する人たちが守るべきルールが設けられている。しかし、**そのルールが民法や労働基準法など国民全員が当然に守っている法令に反する内容であったら、法令のほうが優先される。**

たとえばバイト先で有給休暇を希望したら、「アルバイトが有給休暇を取れるわけないだろ！」と言われたケース。アルバイトは本当に有給休暇を取得できないのだろうか。

そんなことはない。一定の基準さえ満たせば、どんな雇用形態の従業員であっても有給休暇が取れると、労働基準法に記されている。仮に、就業規則に「アルバイトは有給休暇を取ることはできない」と書かれていたり、雇用契約時にそのような内容にサインをしていたとしても、法令に反しているのだから無効だ。

それでも会社が強引に拒否するようであれば、公的な機関に相談を。**このケースは労働基準法に違反しているので、その取り締まりを担当している労働基準監督署、略して労基署に相談するといい。**

「お前ほど使えない奴はいない！　今日限りで辞めちまえ！」

と感情的に解雇を言い渡す社長も、この令和の時代においてもまだまだ存在する。本気で言っているのかわからないが、まるで社長の命令は絶対、俺がルールだと言わんばかりに命じる。しかし労働契約法には、客観的かつ合理的な理由を欠いた解雇、権利を濫用した解雇は無効となる、と書かれている。つまり社長の主観だけで従業員を辞めさせることは難しいのだ。

そもそも従業員が一人前になれるよう、全力でサポートするのが会社や管理的立場の人間の役目。**従業員が満足な業務を行なえないのは、会社側に管理責任があると考えることもできるのだ。**要するに「お前なんか使えない」「辞めてしまえ」と言われても、相手にする必要なんてない。**むしろ過度な叱責はパワハラに該当する**ので、しっかり録音しておくことも反撃手段として頭に入れておこう。

解雇だけではなく、一方的な減給も断ることができる。転勤についても、会社には人事権があるので、転勤の業務命令が出た場合は簡単には断れないが、労働契約法には、会社は従業員のライフワークバランスに配慮するべきという内容が書かれている。家庭を犠牲にするような転勤、生活を困窮させる減給という選択肢は、経営上どうしてもそれ以外の手立てがない、最後の最後の判断でなければいけない。

このように**労働に関する法令は、労働者の生活が守られるようにつくられている。**会社の敷く謎ルールには法令で対抗しよう。法令のすべてを把握することは難しいので、争う際は専門家の力を借りるのが望ましい。

鉄則3

一番大事なのはあなたの命！

一番大事なのは、仕事でもお金でもなく、あなたの命。これは間違いない。

「こんなこと、気にするのは自分だけかな」

「このくらいで辞めるのは甘すぎかな」

「周りはもっと我慢しているのかな」

「辞めたら迷惑かけちゃうかな」

そんなことはない。**嫌だったら辞めたっていい。**労働者には退職の自由がある。残業代未払い分や損害賠償を請求したくても、「モメるくらいならスッと辞めたほうが……」と我慢する人もいるが、そんな考えも必要ない。「おかしい」と思ったなら、強く揺るがない主張を持って立ち向かいたい。この行動はあなたの命を守るだけでなく、世の中からブラック企業をなくす一助となる。

会社の同調圧力に負けてはいけない。同僚や上司に相談しても埒《らち》が明かなかったら、**家族や親友、行政機関などに相談して第三者の意見を聞こう。**弁護士に依頼して戦う手段もあるし、114ページでも紹介する個人でも加入できる労働組合（合同労働組合・地域ユニオン）だってある。然るべき人や機関に相談し、自分にできることを把握してから、次の一手を決めるようにしよう。**決して自分一人で判断してはいけない。**

会社を辞めることになっても、生活を守ってくれるセーフティネットが日本には揃っている。何のために税金や社会保険を納めているのか？　困っている人を救うためであり、たまたま自分がその番になるだけの話だ。遠慮なく活用しよう。

矢印を自分に向けすぎてはいけない。**社会に出ると「メンタルを鍛えよ」という教えを受けるかもしれないが、鍛えるべきなのは我慢のメンタルだけではない。**なんでもかんでも自分が悪いと責任を感じたり、落ち込んだり、追い込む必要はない。改善しようとしない会社にも責任があるとか、仕事を与えている側にも問題があるとか、自分以外の方向に矢印を向けられるメンタルを育てていくのも、社会でたくましく生きていくための知恵だ。職場の問題の9割以上は会社に責任がある。会社（社長）が必ず正しいなんてこと、あるわけがない。**会社の言い分を真《ま》に受けず、まずはちゃんとしたところに相談を！**

大事なのは、仕事でもお金でもなく、自分の命。この考え方が、この世の中をさらによくする＝ブラック企業を撲滅する最強の思考かもしれない。自分だけでなく、周りに悩んでいる人がいたら、まずはこの言葉をかけてあげてほしい。

命あっての物種《ものだね》、生きてるだけで丸儲け、死ぬこと以外はかすり傷。この考え方を根底に持ち、楽しく生きていける場所をつくっていこう。

1-2

雇う側の悪知恵は求人広告から始まっている

求人広告に書かれていること、まさか全部「真実」だと思ってませんよね？

会社は基本、見栄っぱりです。左のマンガのように真正直な会社はまずないものと思ってください。

その謳《うた》い文句に偽りなし!?
アットホームな職場！

求人広告は「盛《も》られている」と思え

誰だってブラック企業には入りたくないもの。それなのにブラック企業に勤めている人はいるし、ブラック企業全体の数も減っている気配はない。**なぜブラック企業をこの世から駆逐することができないのだろうか。**

その理由の一つは、ブラック企業だと気づかずに入社してしまう人がいるからだ。仕事を探す人の多くは、まず求人誌や求人サイト、ハローワークなどの求人情報を見て、希望する条件とマッチしているところに応募をする。しかしその求人情報の内容に、詐欺とまではいかなくとも**誇張した表現**が多かったりすると、入社してから「こんなはずじゃなかった」を経験することになるのだ。しかもブラック企業ほど真実を隠し、体《てい》のいいことばかり言うもの。好条件だけを見て入社するとえらい目に遭ってしまう。

新しい仕事を探すときは「世の求人は盛りに盛ったおとり広告だらけ」と覚悟しておくだけで、ブラック企業に入社してしまう可能性をグンと下げられるはずだ。

企業側の代表的な悪知恵として紹介するのは、**求人広告に好条件を出すことで求職者をおびき寄せ、契約書にはまったく異なる条件を記載**しているケース。

ある会社は「月給29万円以上」という、仕事内容から考えると「かなりおいしい」求人広告を出していた。ヤマダさん（仮名）はすぐに採用担当へ連絡し、面接へ。難なく採用され、勢い任せでとくに内容確認もせず、その場で雇用契約書にサインした。仕事の内容は求人に書かれていた通りで、残業がやや多めなのは不満だったものの「29万円に加えて残業代も出るなら」と我慢して働いた。そしてついに最初の給料日。口座に振り込まれていた額は……なんと18万円！ 各種社会保険や税金が引かれているとはいえ、この手取りはおかしい。すぐさま社長に直訴した。

「求人には月給29万円って書いてありましたよ！」。すると社長はこう返答した。

「あれは残業代を含んだ額だよ」。一瞬、視界がぐらっと揺らいだヤマダさん。しかしすかさず反撃した。「私、先月かなり残業しましたよ！」

「残業代も含めて、今回の18万円だ」

「それなら、どのくらい残業したら29万円になるんですか！」

「……100時間くらいかな」

その旨は採用時に交わした契約書にも書かれているという。確認してみると基本給は17万円で、確かに100時間残業をすれば29万円に届くくらいの計算になっていた。

おとり求人広告だと知らずに踊らされたヤマダさんは、よろこんで雇用契約を結び、晴れてブラック企業の仲間入りを果たしてしまったのである。

「各種手当付き」「能力不問」「未経験可」魅力的に見えて危険な求人ワード

求人広告では見栄えのいいことを言って、面接に行くとどんでん返し、まったく違った条件で雇用しようとする。慢性的な人手不足に悩むブラック企業がよく使う悪知恵だ。

「この会社は怪しい」とブラック企業の気配を感じ取れたら、内定辞退なり速攻で退職できればいいが、なかなかそうもいかないのが求職者の弱いところ。求職中ということは、先立つものがない状態で、早く収入源を確保したいという焦りが強い。**次の仕事場を探す苦労を考えたら「まあ、この条件でもいいか」と妥協する気持ちが芽生え、ブラック企業を甘んじて受け入れてしまうのである。**

ブラック企業が使いがちな求人ワードといえば**「各種手当付き」**。いろいろな手当がついて高収入を謳う求人内容だが、実はこれも、フタを開けてみたら大きなワナということが多い。各種手当付きの文句に惹かれて雇用契約を結んだタカムラさん（仮名）は、初月の給料を受け取って驚愕《きょうがく》した。基本給16万円に「職務手当」が2万円、「時間外手当」の2万円、合わせて20万円の初任給だったのだ。しかし残業時間は少なく見積もっても月30時間に達しているから、残業代がもっと入っていないとおかしい。上司に尋ねたところ、「職務手当と時間外手当が残業代に相当している」というまさかの回答が。雇用契約時の内容を見返すと、確かにそう書かれている。

「契約書に書いてあるなら仕方ないか」と渋々諦めるタカムラさん。しかし、残業代に相当している4万円に対して、残業時間があまりにも長ければ、最低賃金を大きく下回る残業代しか受け取れていないことになる。個人加盟の労働組合や労働弁護士などの然るべき機関に相談すれば、差額分を請求することも可能だ。

さらに警戒したい求人広告として紹介したいのが、「**能力不問**」や「**初心者歓迎**」といった、**能力や経験に関係なく誰でも採用するような文言が書かれているタイプ**。ソメイさん（仮名）は資格が不要な「未経験可」で、魅力的な給料を掲げていた求人の面接に赴いたのだが、面接担当者から放たれたひと言に絶句した。

「あなたの能力ですと、求人情報に書いた通りの額を給料として出すのは難しいです」

なんと、賃金の値切り交渉を持ちかけられたのだ。**会社としては能力に応じて給料を決めたかったわけで、求人情報に掲載されていた給料は、会社の希望をすべて満たした場合の額面だったのである。**つまり、最初から求人広告通りの条件では雇う気がなかったということ。「それなら最初から正直な求人を書いてよ」と思うが、そう訴えても「いい感じに書いておかないと誰も来てくれないから」といった言い訳しか返ってこないだろう。会社としても、何としても人材を確保したいがゆえ、ない知恵を絞った結果のおとり求人広告なのだ。

ハロワなら安心と思いきや……「シフト制」の盲点

厚生労働省の管轄下にあるハローワークの求人なら、「おとり広告なんてない」「信頼できる、安心だ」と思っている人も多いだろう。確かにハローワークなら会社がどういった事業を営んでいるか、求職者の誤解を招く表現がないか、最低賃金をクリアしているかなど、「最低限」のチェックは実施していることだろう。民間の求人に比べて、信頼性は高いかもしれない。しかし、**チェックする側の目をかいくぐって掲示される悪知恵に富んだブラック求人広告もないわけではない。**

ハローワークに掲示されたある求人では、労働日や労働時間を1週間ごとに決める、いわゆる「シフト制」の勤務形態で人材を募集していた。この手の求人には、**「自分に合った働き方」「自由な時間に働ける」といった魅力的な言葉**が添えられていることが多いが、十分気をつけたい。

確かに、働く側からすれば働きたい時間に働けるというメリットを感じるだろう。しかし**雇う側からすれば、労働条件を曖昧《あいまい》にしたまま人を雇えるわけで、「生かすも殺すも会社次第」の状態を生み出せてしまう。**もし希望した時間が一切受け入れられず、1週間シフトがゼロになったら無収入だし、逆にすべてのシフトに入れられたら過重労働にもなりかねない。

本来、よほどのことがない限り会社が従業員をクビにすることはできない。しかしシフト制で極端な労働時間を設定すれば、従業員のほうから「辞めたい」というワードを引き出すことが可能となるだろう。経営が苦しくなって人材を整理したいとき、あるいは会社側に何かと意見するやっかいな従業員を抱えたとき、会社がこのような手段を使うことがあるかもしれない。つまり**シフト制は、あなたの労働環境、ひいては人生プランをも雇う側に委ねることになってしまいかねない、実は恐ろしい雇用形態**なのだ。

実際にシフト制で働く場合は条件面には十分注意しよう。**大事なことは、週ごとや月ごとにどのくらいの労働時間を確保したいかの希望を出し、合意事項を書面化。両者のサインを残しておくことだ。**交渉は録音しておくことが理想。

たとえば次のように会社へ提案しよう。

「週4日、合計で25時間くらい。1日の労働時間は7時間以内でお願いします」

この条件をベースとして、働きたい希望時間を出し、使用者サイドへシフト作成を委ねる。こうすることで極端にシフトを増やされたり、減らされたりする危機的事態を防ぐことができる。もし守られていなかったら契約違反なので、会社に改善を要請しよう。

とにかく求人情報を保存！
面接もできれば録音！

危険な求人広告の話を始めたらキリがない。手を替え品を替え、あらゆる手段を尽くして求職者を呼び集めようと、雇う側は「映《ば》える求人広告」への知恵を絞ることだろう。彼らも必ずしも労働者を騙《だま》したいと思って、求人を大げさに書いているわけではないかもしれない。**人材不足をなんとしても解消するために、良かれと思って誇張した求人情報を掲載する会社もある。**

しかし、悪気のないおとり求人ほど怖いものもない。働き始めた後に「求人に書いてあったことと全然違うじゃないか」となった場合、大なり小なり労働紛争が起きることは避けられない。使用者も労働者も、どちらも幸せになれない結末が待っていることになる。

そのような事態に至ったときに大きくモメないために、**「言った」「言ってない」「約束した」「約束してない」といった平行線をたどらぬよう、記録は絶対に残しておこう。**必ず実行しておきたいのは、**求人情報そのものの保存。**電子データとして手元に残すと同時に、プリントアウトもしておこう。

求人情報に記載されている内容と異なる条件で働くことになった場合は、雇う側がしっかりとその旨を説明し、同意の上で雇用契約を結ぶことが大前提だ。**なんの説明もなしに契約書にサインをさせた場合、契約書に書かれている労働条件よりも**

当初の求人情報に書かれている内容が優先されるのが通例なので、**求人情報のデータは有力な証拠となる。**過去の実例でも、労働者にとって不利益な条件を満足な説明をせずに契約、同意書にサインをさせたことでモメて、裁判にまで発展したが、同意書は無効という判断が下されたケースもある。よって、「**契約は結んだのだから従ってもらうぞ」と使用者に圧力をかけられても屈しないようにしよう。**働き出した後にこっそりと労働条件を書き換える経営者も稀《まれ》にいるが、この悪知恵は論外。完全に無効だ。

いずれにしても、**求人から採用面接までの一連の内容は、記録として残しておけば問題が発生したときに有力な証拠となる。**面接の内容もできれば録音しておくといいだろう。信用が置けないうちは記録し保管する。これに限る。

法令では使用者側に契約内容の理解促進の責務が課されている。求人や面接で誤解を招く表現を用いて採用し、理解促進の責務を果たさなかったとして、会社側から従業員へ慰謝料を支払うよう命じた裁判例もある。**悪意に満ちた契約の結び方は罰せられるのだ。**「会社に反抗してクビになったらどうしよう」と渋々悪条件の中で働き続けるのではなく、証拠を携え、労働相談センターや弁護士、個人加盟の労働組合などに相談し、反撃に出ることを強く推奨したい。

正社員は社長の奴隷？
不当な命令は拒否できる！

求人広告に必ず記載されているのが、正社員、アルバイト、パート、契約社員などの雇用形態。これらの違いを改めて理解して、それぞれのメリットやデメリット、考えられる会社の悪知恵や対抗手段を身につけておこう。

雇用形態の中でもっとも「ランクが高い」「待遇がいい」といった印象を持たれているのは、正社員で間違いない。正社員という言葉自体は法律上で定義されているものではないが、一般的には次の三つを満たしたものとされる。

直接雇用（会社と直接契約し、給与を受け取っている）

無期雇用（雇用期間に定めがない、経営が続く限り定年まで働くことも可能）

フルタイム勤務（最長で1日8時間、週40時間以内）

働く側にとって、正社員は「クビになりにくい」「給料が安定している」「社会保険に入るのでいざというときも安心」といった点などがメリットと感じられるだろう。

しかし**「正社員として雇ってやった」という上から目線で、「正社員は会社の命令に絶対服従」という横柄なスタンスを取る会社もある。**ワンマン社長がのさばっている会社だと、従業員の声はなかなか聞き入れてもらえない。しかし、だからといって必ずしも社長の命令に従う必要はない。正社員は会社の奴隷ではないのだから。

会社からの命令でモメがちなのは、労働条件の変更だ。これは両者合意のもとで行なわれるのが基本ルールなので、納得できなければ合意しない姿勢を貫くのも一つの対抗手段だ。

たとえば転勤や配置転換。かつて、辞めさせたい人材を**「追い出し部屋」**へ配置転換し、コピーや書類整理などの単純業務を課して、自己都合退職に追い込もうとする会社の非情な悪知恵が問題になった。働く部署や勤務地の変更で労働者の不利益が大きい場合や、業務上の必要性がなかったり、会社に何か不当な動機や目的がある場合は無効とされる。

ただし、拒否しようとすると会社は業務命令に背《そむ》いたものとして、懲戒処分などで対抗してくる可能性がある。配置転換命令には異議を述べつつしたがった上で、合理性を争うのが無難だ。

転勤も納得できる内容でなければまずは会社に異議を出そう。最近では育児、介護といった家庭事情と仕事との調和を重視した社会構築が推進されている。無理な転勤命令を出す会社は減り、なるべく希望に沿った勤務地で働ける働き方が推奨されるようになってはいる。しかし、悪知恵を働かせて一方的な都合で転勤を命じる会社もまだまだ存在するだろう。**納得できないのであればすぐに応じるのではなく、交渉の余地は残すようにしよう。**

契約社員・アルバイト・パートは解雇最優先候補？

続いて、正社員に対して「非正規社員」とも呼ばれる雇用形態について。

契約社員は正社員と違って契約期間が設けられている。それ以外の労働条件については、会社と直接雇用だし、フルタイムでの勤務が基本なので、正社員との大きな違いはないものと見ていい。アルバイトとパートは定義に大きな違いはなく、ほぼ同じ性質を持った雇用形態だ。正社員との違いは、フルタイムではなく短時間での勤務が基本であること。また契約期間を設けられているのが一般的だ。

ざっくり言ってしまえば、**正社員は無期雇用、正社員以外は有期雇用ということになる。**有期雇用は、契約の期間途中には解雇できないが、期間が終われば「正社員と違って辞めさせやすい」というイメージを持たれがちだ。これは「雇い止め」というやつで、契約社員にしろ、アルバイトにしろ契約更新時に「更新しない」という判断を会社がすれば、おとなしく従うしかない。……と思われるかもしれないが、実のところそうではない。

これまでに複数回の契約更新をしてきた場合、引き続き契約が更新される期待が大きいことから、会社の一方的な期間満了通告が無効となるケースがある。経営難で雇い止め以外を考えられなかったり、あまりにその労働者が会社にとって不利益な行動をとっているなど、**契約を終わらせる真っ当な理由がない限り、アルバイト**

やパートという働き方であっても一方的に辞めさせることはできないのだ。

有期雇用で働く人に耳寄りな情報がある。**有期雇用契約で5年を超えて働き続けた場合、「無期転換」といって無期雇用に転換してもらえる権利が得られる。**希望する場合は会社に申し出よう。会社側はこれを拒むことはできない。フルタイムで働いていたのであれば、無期転換によって晴れて正社員と同等の扱いになる。

しかし無期雇用にしたくない会社だと、「無期転換すると給料が減るぞ」「転勤があるぞ」とデタラメな助言をするケースもある。しかし法令では無期転換しても労働条件は変わらないのが大原則だ。変わる場合は、両者合意の上で行なうべき。転勤や配置転換なども、前述の通り、業務上の必要性がなければ認められない。

無期転換したくない会社側の非常に悪質な悪知恵として、「5年を迎える前にリセット作戦」を使うケースがある。たとえば契約を3年更新したところで一度契約を終了とし、6カ月後に再契約、という提案を持ちかけてくる。6カ月間の収入はどうするのかといえば「失業手当（失業給付金）をもらえばいいんだよ」と、会社から悪魔のささやきが。しかし会社に戻る密約の下《もと》、**会社を辞めて失業手当を満額受け取り、また同じ会社に戻るのは違法だ。**悪知恵違法行為に加担してはいけない。契約更新をひたむきに続け、無期転換を目指そう！

派遣切りや囲い込みは違法！派遣社員という働き方はここに注意

正社員や契約社員が会社と直接契約しているのに対して、**派遣社員は派遣会社に雇用され、派遣先会社の指揮命令下で働く雇用形態なので間接雇用になる。**したがって派遣社員は派遣元と派遣先、大きく二つの会社と関係を保つことになる。よって、二つの会社の悪知恵に備える必要があるのだ。

派遣先会社の悪知恵としてよくあるのは派遣切り。「派遣会社の社員なら簡単に切れる」と思っている会社は多く、現在進行形で社会問題となっている。これはつまり、派遣先と派遣社員との間に雇用関係はなく、派遣先と派遣元での契約次第で派遣社員の運命が決まっているのが主因だ。「君が勤めている派遣会社との契約が切れたので、もう来なくていい」と言われてしまえば、派遣元から派遣されてきた派遣社員は従うしかない。

しかし、**派遣社員は労働者派遣法で守られている。**もし派遣期間中に派遣切りとなった場合、派遣先会社は派遣元会社に、**契約期間の賃金を補塡《ほてん》する休業手当を支払うことが決められている。**派遣社員の最低限の収入は保証されるので一安心だ。

派遣元会社の悪知恵でよくあるのは、派遣社員の囲い込み。派遣先会社が派遣社員を直接採用することのないよう、先手を打って「派遣社員を採用してはいけない」という契約にサインさせていることがある。実はこの行為、法律で禁止されているので違法だ。派遣社員との間で、「派遣期間終了後に派遣先と直接雇用契約を結んではいけない」といった制約を課すこともあるが、これも同じく違法だ。

派遣社員は不安定な働き方だ。派遣先から派遣元へ支払われた報酬のうちの一部を給料として受け取れる仕組みになっており、待遇面でも不利な面は否めない。直接契約できるに越したことはないから、派遣先から「派遣期間が終わったら、ぜひうちへ」という誘いがあったなら、嫌でなければ直接雇用契約を結ぶのがいいだろう。

そもそも派遣社員というのは、**専門的な業務を担う人材を派遣するための、かなり限定的な雇用形態だった。**しかしその後の規制緩和によって、ほとんどの業種での仕事を派遣社員でカバーできるようになり、**専門職の派遣というよりは不安定な働き方の量産を招く結果となってしまった。**例外的な存在だった派遣社員なのに、社内で働く人のほとんどが派遣社員という会社も珍しくはない。

法令によって一定以上の権利が守られているものの、**派遣社員が弱い立場になりやすい**のは間違いない。職場内のハラスメントといったトラブルが起きても、派遣元と派遣先の関係上、我慢を強いられ、うやむやにされやすい。直接雇用されるなら、それに越したことはない。

業務委託は「偽装雇用」にご用心！

業務委託は会社と雇用契約を結ぶのではなく、「この業務を行なってくださいね」と会社から依頼を受けて発生する仕事のことだ。日給や月給ではなく、一つの案件をこなすごとにいくら、といった対価の支払われ方が主流となっている。

ＩＴ企業に勤めていたイトウさん（仮名）は、社長から「正社員ではなく、業務委託の形で再契約しないか」という提案を受けた。社長からの誘い文句としては**「成果報酬制だから働けば働くほど儲かる」「時間に縛られず働ける」**といったものだった。いい条件だと思い、業務委託契約を結び直したイトウさんだったが……。

まず、自由な時間などまったくなかった。始業時間は社員の頃と変わらず、残業時間は倍増。しかも契約上、残業代は出ない。収入は激減した。

このケース、**「偽装雇用」**と呼ばれるまさに会社の悪知恵で、イトウさんは業務委託を受けている立場とはいえない。なぜなら社員の頃と同じ働き方を強いられているからだ。実際の業務内容から、契約は雇用契約であると客観的に判断できる。よって社員の頃と同様の給料は保証されるべきだし、残業代だって請求できる。

業務委託契約なら都合よく人材を使うことができる上に、社会保険料や残業代などの負担を背負わずにいられる。そう勘違いしている悪質な会社は少なくない。

より悪質なケースがある。ウチダさん（仮名）は「バイク一台で起業、１日で２万円以上稼げる」という求人触れ込みに惹かれ、バイク便会社との業務委託契約で配送業を始めた。朝9時、指定された広場に自前のバイクでやって来たウチダさん。同じようにバイクを走らせてきた仕事仲間が何人かいる。そこで社員から告げられたのは「仕事が来たら順番に振るので、それまで待機していてください」だった。

夕方の5時まで待機するだけの日もあった。仕事をもらえてもせいぜい1件か2件、売上は数千円。ガソリン代は自腹だから、ほぼ毎日赤字だ。「契約を解除したい」と社員に申し出ると、「なら違約金5万円を払え。契約書に書いてある」と冷たくあしらわれた。違約金について事前の説明は一切なかった。

これは明らかな偽装雇用。拘束時間が決められている時点で立派な直接雇用と判断できる。仕事を待っていた時間も労働時間と判断して、最低賃金以上の賃金を請求できるし、ガソリン代などの諸経費も会社に請求できる。このケースではほかの仕事仲間と一致団結して会社と交渉、一定の金銭が支払われた。

業務委託は本来、力量的に対等な間柄でなされるべきもの。すべてが労働者にとって不利になるわけではないが、悪質なものも多いので、先方と条件をしっかり詰めてから契約を結ぶようにしよう。

雇う側の一方的な採用・内定取消は成立するのか？

求人を経て採用しておきながら、働き始める直前に「やっぱり雇わない」と非常識極まりないことを言ってくる会社もある。会社の業績が悪化したり、より条件に見合った人材が応募してきたりなど、完全な会社都合で内定取消を迫ってくるのだ。内定の連絡があった時点で就職活動は終わっているのだから、始業日までの準備期間が完全に無駄となってしまう。**採用・内定取消は内定者の労働に対する妨害行為だ。**

そもそも雇う側が一方的に採用・内定取消をできるケースはかなり限られている。もっともオーソドックスな取消は、内定者が犯罪やそれに近いモラルを逸脱した行為をしたことが判明したケース。これは雇う会社にとってリスクになるので、内定取消になってしまうのも無理はない。ほかにはたとえば、健康診断の結果、業務内容に耐えることができないと診断された、学生の内定者であれば卒業見込みが立たなかった、など。このように働かせることが困難と明白に判断される理由があれば、採用を取り消すことはできる。しかし、かなり限定的なケースだというのがわかるだろう。というわけで、**内定をもらったのに働けなくなる事態はまずないといっていい。**もし理不尽な採用・内定取消があったなら、地域の総合労働相談コーナー（厚労省ホームページで検索できる）やハローワークに報告しよう。

「○○をしなければ内定取消にするぞ！」と脅迫めいたことを言ってくる会社もある。マツダさん（仮名）は「入社前に研修をする」と命じられた。しかしマツダさんは学生の身で、日程的に研修への参加は厳しかったため不参加を申し出たところ、「それならうちでは雇わない」と思いがけない返答が。このケースは実際に裁判となり、入社前の業務命令には従う必要がないという判断が下されている。まだ雇用契約を結んでいないのだから、当たり前といえば当たり前。研修の参加拒否を理由とする内定取消は違法と見なされた。

ただし、入社前の研修実施は違法ではない。両者合意なら問題ないのだ。強制の参加でも賃金が支払われるのであれば、これも違法性はない。

条件付きで採用内定をちらつかせてくる悪知恵パターンもある。たとえば**「採用してあげるから、もう就職活動は終わりにしなさい」**と言ってくるのだ。中には**「今ここで他社へ選考辞退の電話をかけろ」**と強要する会社も。これは憲法第22条「職業選択の自由」を侵している。

「○○したら採用」「○○を断ったら採用取消」といった条件付きの採用は、力関係的に弱い立場の労働者を苦しませる卑怯すぎる悪知恵。録音はもちろんのこと、メールのやりとり内容や契約書もきちんと保管しておくことが大事だ。

1-3

労働条件に潜む悪知恵

働くということは、あなたの時間を売るということ。
そのかけがえのないものを安く買い叩いたり、
強引に奪おうとする悪知恵があります。
「そういうものなんだな」と諦めず、対抗手段を知っておきましょう。

抜け出せない辞められない!?
人質トラップ！

契約書でブラック企業かどうかはほぼわかる

「では当社で働いてもらいましょう」

となったらまず交わされるのが**雇用契約書**。**労働契約書**と呼ばれることもあるが、内容に変わりはない。同時に**労働条件通知書**も渡されるのが一般的。契約書と労働条件通知書、これまた内容としてはほとんど違いはないはず。あなたがどんな条件で働くことになるのかが明記されている。契約書と通知書の内容に納得できたら、契約書にサインをする。これで雇用契約が結ばれたことになる。

労働条件通知書には主に次のような項目が書かれている。

1　契約期間
2　仕事をする場所
3　仕事の中身
4　働き始めと終わりの時刻
5　時間外労働の有無
6　休憩時間
7　休日、休暇
8　賃金の計算、支払いの方法や締め日、支払いの時期、昇給について
9　退職

10　解雇の事由および手続き

雇用契約締結は単なる儀式とは思わず、きちんと書面の内容を熟読しよう。**雇用契約と見せかけて、業務委託契約や請負契約を交わそうとする悪質な会社もあるぞ。書面は2部作成し、署名・捺印したものを会社と自分が1部ずつ保管。**労働契約だけでなく、契約書と名のつくあらゆる書面がここまででワンセット。覚えておこう。

そもそも契約書すら用意しない会社は論外。知り合いの紹介で働くことになったといった事情であれば、こういった手続きはなあなあで済ませる流れになることもあるだろうが、**求人広告経由でこの対応だったら信頼も何もない。**でも、ごくたまにそういう会社も実在する。初めての雇用契約がこのパターンだったら、「こんなものか」と思い就業してしまうかもしれない。不幸の始まりだ！

契約書が存在してもサインさせず、こちらの手元に控えさせないところはブラック企業の可能性が高い。契約書や労働条件通知書がとにかく分厚く、細かく字が並んでいる会社もブラック企業の黄色信号が灯《とも》っている。契約内容に関する質問に答えてくれず、「こういうのは儀式みたいなものだから」とサインを急《せ》かす会社は赤信号と見て間違いない。

定額働かせ放題になっていないか労働時間と残業代をチェック！

労働条件の中で注目したいのは残業代。基本給に加えて「残業代を毎月これだけ払うよ」と、固定残業代を採用している会社がある。一見、おいしい条件に見えなくもないが、基本給は低く設定されがちだ。ベースは低い基本給で、そこから計算される残業代も低いが、全体の給料は高く見える、というカラクリが隠されている。

固定残業代を**「定額働かせ放題プラン」のように使おうと、悪知恵を使う会社もある。「固定残業代をはみ出した分は残業とは認めない」「何時間働いても固定残業代分しか払わない」**と「残業代の上限」であるかのように説明してくるのだ。

固定残業代は、業務上月々の残業代がどうしても発生する会社において、**いちいち細かく残業代を計算する手間を省く名目で、「このくらいは必ず残業代は出しますよ」という意味合いで設定されるもの。**固定残業代が月30時間分の設定の場合に、月の残業時間が10時間でも問題ない。問題なのは次のような場合だ。

「固定残業代は30時間分の6万円。ある月に40時間の残業をしたが、振り込みは6万円だけだった」。この場合、10時間分に相当する2万円を請求することができる。もし応じなければ労働基準法違反だ。労働基準監督署に報告しよう。

ただしきちんとした証拠は用意したい。タイムカードがあれば確実だが、会社によっては固定残業代の範囲に収まるよう、**まだ残業中なのに「タイムカードを押し**

て終わったことにしろ」と命じるところもある。 固定残業代オーバー分をなかったことにする**証拠隠滅**で、最悪の悪知恵だ。会社が勝手に終業時間を改ざんすることもあるので、先手を打って証拠は残したい。メモ書きなどでも材料となる。

固定残業代が常識の範囲を超えているケースもある。**過労死ラインとされる80時間以上の設定は無効**とされる場合がほとんど。23ページの例もこの点でアウトだ。

残業の規定がゆるめられる場合もある。

【変形労働時間制】 1カ月、1年、1週間の単位で平均した所定労働時間が、週40時間以内であればよい（1日8時間を超えた残業代を払わなくてよい）とする制度。ただし要件は厳しく、導入には労使協定や就業規則の定めが必要。

【裁量労働制】 研究開発、デザイナー、プロデューサー、記者・編集者、金融商品開発などで可能。実際の労働時間ではなく、あらかじめ定めた時間を働いたとみなす。ただし休日労働は実際の労働時間で算定。22時から翌日5時は深夜割増賃金が必要。

ほかに、会社の外での業務が多い添乗員などの「**事業場外みなし労働時間制**」等があるが、誤った適用をしている会社も少なくない。疑問に思ったら、弁護士や個人加盟の労働組合などに相談してみることをすすめておきたい。

契約時に保証人を求められたとき頭に入れておきたいこと

雇用契約時に**「身元保証人をつけてほしい」**と会社に言われることがある。まるでお金や部屋を借りるときのような契約条件だ。従業員の過失によって会社が損害を被《こうむ》り、会社がその従業員に損害賠償金を請求するような事態があれば、「いざとなれば保証人に賠償してもらうよ」ということなのだろう。機密性の高い情報を扱う仕事や大きなお金を動かす仕事など、**起こり得るトラブルのリスクが高い仕事ほど保証人をつけたがる傾向にあり、これ自体に違法性はない。**しかし、中には保証人をつけるようアルバイトにも要請する不可思議な会社もある。その背景として考えられるのは、従業員に反抗させないために保証人をつけさせる悪知恵だ。

運送業の会社に勤め始めたノダさん（仮名）。保証人をつけることを命じられたのだが、**「不動産を持っている人を必ず保証人とすること」という謎の条件**も添えられていた。不思議に思うノダさんだったが、両親が土地持ちだったので保証人とした。

働き始めて数カ月後、ノダさんはお客さんの大事な荷物を破損させてしまった。その額は数百万円にのぼるものだったので、お客さんにも上司にもこっぴどく叱られた。会社側が賠償金を払い、ことなきを得たと思われたが……。なんと給料日に会社から「損害分を毎月返すように」と、振り込まれた給料から月2万円ずつ会社に返済するよう命じられた。「それはおかしい」と主張するノダさんだが、会社は一貫して「お前が壊したんだから当たり前だ」というスタンスを崩さない。とんでもない会社に入ってしまったと後悔するノダさん。しかし辞めようにも辞められない。契約時に保証人をつけたから、何かあったら会社は両親のところへ賠償請求に行くつもりなのだろう。**借金を返し終えない限り、会社を辞められない状況へと追い込まれてしまった。**不動産所有者を保証人の条件としたのは、保証人が逃げないようにするための策略だったのだ。

しかし、損害のすべてを労働者に負わせるのは酷《ひど》すぎる。労働者の故意によるもの、秘密情報を漏洩《ろうえい》したり、会社のお金を横領したというのであれば、労働者側が全責任を負わされても仕方がない。しかし仕事上のミスや事故の損害は原則会社が負うべきもの。労働者に深刻なミスがあったとしても、会社側の管理責任も問われるべきだ。さらに、顧客のものを扱う運送業の場合はもしものための保険に入っているべき。その保険にすら入っていないのなら会社側の管理責任が大きい。

故意に会社に損失を与えたのでないのなら、従業員個人ですべての賠償責任を背負う必要は当然ない。個人加盟の労働組合に加入した上での会社との交渉、あるいは弁護士などの力を借りることによって、減額や支払い責任を免れることも十分に可能だ。

最低賃金未満で働いたら会社が裁かれる！

モトキさん（仮名）はパートとして東京のある会社と雇用契約を結んだ。時給は1100円。ただし「研修期間中は時給が50円減るよ」と言われた。「すぐに研修期間が終わって正式な時給1100円で働けるようになるだろう」と思い、納得の上で契約書にサインした。しかし働き始めて半年、モトキさんはいまだ研修扱い。会社に「いつ研修期間は終わるのでしょうか」と尋ねても、適当な理由で曖昧にされるだけ。「もしかして、このまま時給1050円で働かせ続ける気では」と気を揉《も》むのだった。

実はこれは完全な違法。東京の最低賃金は2022年10月より1時間あたり1072円と決められている。**研修期間であろうが学生だろうが高齢であろうが、時給額はこれを下回ってはいけない。**法令違反したモトキさんのパート先は裁かれることになるのだ。

もちろん、会社側が最低賃金を把握していなかったケースも考えられなくはない。まずは「**最低賃金を下回ってますよ**」と指摘するとともに、1072円以上の時給で半年分の給与を計算し直してもらおう。本当に知らなかったのかどうかは怪しいが、「ごめんごめん」と差額分を渡してくれたらそれで完了、改めて時給の交渉をしよう。しかし、もし「これからは最低賃金以上は払うけど、これまでの差額分は払わない」と言ったら、これは違法行為なので労働基準監督署に報告だ。労働基準監督署から是正勧告のお達しが会社に届くことになる。それでもなお会社が対応しなければ、悪質と見なされ罰則が科されて、会社は書類送検されることもあるぞ。

少しでも人を安く使おうと悪知恵を働かす社長もいなくはない。しかし**最低賃金未満は違法であり罰則対象であるから、気づいたら必ずその点を突くようにしよう。**

時給制の仕事だけでなく、もちろん**月給や日給でも最低賃金を下回ることはダメ。**たとえば次のようなケースだ。

「大阪で会社員をしており、残業なし、月合計168時間働いたところ、給与は基本給通りの17万円だった」

これを時給換算すると1011円。大阪の最低賃金は1023円。下回っているので違法となる。このように最低賃金は地域によって変わるので、自分の地域がいくらなのか把握しておくといいだろう。

逆に「最低賃金未満でもいいです、時給300円で雇ってください！」と労働者側から懇願した場合はどうだろうか。低給でいいので会社から学びたいという上昇志向の人だと、そういう働き方を希望することもあるかもしれない。でもこれも違法。会社のためと思っての提案かもしれないが罰則対象だ。**必ず最低賃金以上は受け取るように。**

給与明細は3年捨てるな

今仕事をしているあなた、ちゃんと給与明細を受け取っていますか？

正社員だろうがアルバイトだろうがパートだろうが、会社側は従業員に必ず給与明細を渡さないといけない。これは所得税法で決まっていることだ。

ただ最近は、**紙ではなくデータで給与明細を渡すケースも多くなった。**中には、会社のサーバー内にアクセスして確認する仕組みも。しかしできれば、会社内だけでなく手元にも保存しておくことをお勧めしておく。「もしも」のときに安心確実だ。

給与明細は手元に、最低でも過去3年分は保管しておこう。未払いの残業代などを企業に請求できる期限（時効）は3年と、労働基準法でルール化されているからだ。たとえば働き始めてから3年後に未払い分の賃金があると発覚した場合、3年前の分までさかのぼってごっそり取り返すことも可能だ。

悪質な会社は給料をちょろまかしていることもある。雇用契約時の労働条件と合致しているか、支払われ方におかしな点はないか必ず確認しよう。

中でも**ごまかされやすいのはやっぱり残業代。**これまで紹介してきたように固定残業代をオーバーした分を払わないケースや、長時間残業の割に極端に低い残業代を支払っているケースは多々ある。**自身で働いた時間は記録して残しておき、納得**

のいく給与となっているかどうか、必ず確認しよう。具体的な計算例は62ページのコラムで紹介しているので、ぜひ参考にしてほしい。

給料から天引きされている項目も忘れずチェック。社会保険や税金は当然引かれるものとして、ほかに謎の名目で引かれているものがないか見ておこう。たとえば、弁償金や寮費、制服クリーニング代といった項目で天引き、なんてこともある。事前に合意していない、雇用契約書や労働条件通知書にも書かれていない項目なら当然違法だ。

そもそも給料から税金や社会保険以外で天引きをするには、賃金控除協定を結ばないといけない。これを結ぶのは、従業員の過半数で組織されている労働組合、もしくは労働組合がないなら従業員の過半数を代表する人。簡単に言えば、従業員のリーダーがＯＫしない限り、給料から勝手に天引きすることはできないのだ。

この協定を結ばずに勝手に給与から引いている会社はけっこう多い。指摘しても会社がしらばっくれるようであれば、労働基準監督署に相談するといいだろう。

ちなみに給与（賃金）は最低でもひと月に1回は支払われないと労働基準法違反になる。**「次に2カ月分払うから、今月の給料は我慢して」なんてことは許されない。**また、給与の金額は記録として残るよう、できるだけ口座振込にしたい。

朝礼、仮眠、待機、これって労働時間!?

会社の指揮命令下に置かれている時間。それが労働時間。

作業の準備や後片付け、待機している時間なども労働時間に含まれる。

●**「出勤後に指定の作業服に着替えをし、社員全員中庭に集まりラジオ体操。そして朝礼を行なっている」**

会社が出勤後の着替えを指示しているのであれば、更衣時間も労働時間。体操や朝礼も会社が義務付けているのであれば、当然労働時間だ。これらはタイムカードを押した後に行なわれなければならない。仮に「うちは、朝礼は労働時間に含まないんだよ。ほら、就業規則にも書いてあるだろ」と言われてもこれは無効とされる。それが労働時間かどうかは客観的に決められるものであり、社内のルールによって決定されるものではないと、過去の裁判事例でも示されているのだ。

●**「月に何回か夜勤があり、仮眠中に何か起きた際は対応しないといけない」**

ワンオペの仮眠時間は、会社の指揮命令下にあると考えられるので労働時間だ。

●**「2人で夜勤をしていて、片方が仮眠中の場合は、必ずもう片方が対応するので起こされることはない」**

この仮眠時間は労働から解放されていると見なされ、労働時間には含まれない。

●**「タクシー会社に勤めて運転手をしているのだが、深夜の時間帯は駅前でタクシ**

ーの列に並んでお客が来るのを待っている」

無線で呼び出しがあれば現場へ向かうし、前のタクシーが人を乗せたら列を詰める。タクシー運転手の待機時間は労働時間だ。

●「成果物を先方に提出後、返事待ちで空き時間が生じる」

先方からの指示があるまで待機している空き時間も労働時間だ。返事があり次第、対応をしなければならないのだから。

●「トラックドライバーで、入庫待ちの間は道で停車して待機している」

同じくこれも労働時間。理由はやはり同じで、いつ入庫の案内があってもいいように対応待ちしているのだから。

●「終業後、勉強会に参加するように言われている」

上司からの命令で強制的に参加させられているのなら、これも労働時間。しかも時間外労働なので、残業代扱いとなり割増賃金となる。勉強会という名の飲み会であっても、強制ならばやっぱり労働時間と判断される可能性がある。

労働内容の密度に関係なく、労働から完全に解放されていない時間は労働時間にあたる。「労働時間として認めてくれない」時間があるのなら、労働基準監督署や専門家に相談しよう。

弁償しろと言われてしまったら

キノシタさん（仮名）は仕事中にうっかり会社の備品を故障させてしまった。給料日、社長から「備品の買い替えにかかった費用を弁償するように」と言われ、半ば強引にその分を給料から引かれてしまった。

51ページで触れた通り、賃金控除協定を結んでいない勝手な天引きは許されない。**しかし給料を渡した後に「弁償代をよこせ」と弁償金を請求すること自体は、違法ではない。**ではこの要求に労働者が即座に応じるべきかというと、決してその必要はない。

会社が弁償金を労働者に請求できるケースは限られている。代表的なケースとしては、「会社に損害を与えてやろう」とわざと会社の物を壊したり、盗んだりすること。明らかに労働者に非があり、訴えられてもおかしくない。あるいは違法薬物使用や飲酒した状態で業務にあたってミスをした、といったケースも損害賠償請求されても仕方がないだろう。このように常識的に考えて明らかに労働者が悪い、ということでない限り、賠償金を払う必要などないのである。

人間は誰でもミスをするもの。会社はそういったミスができるだけ少なくなるように仕事の仕組みをつくるべきだし、起きたとしても想定の範囲内に収まるような管理体制を構築すべきなのだ。高い機材を扱うのであれば、保険にも入ってリスクに備えておくのが当然である。

ちなみに保険絡みの話でいうと、「免責金を払え」と要求してくるケースもある。シモダさん（仮名）は会社の車を運転中、誤って自損事故を起こしてしまった。会社は保険に入っていたので修理代を賄えたものの、10万円分は免責金のため保険加入者負担、つまり会社が払った。その10万円を「お前が事故を起こしたんだから弁償しろ」と社長が要求してきたのだ。

シモダさんだって、わざと事故を起こしたのではない。**会社はシモダさんを働かせて利益を得ている以上、責任の大部分は負うべきというのが基本的な考え方だ。**事故の内容にもよるが、実際の過去の裁判例では、労働者に相当な責任があっても労働者側の負担割合はせいぜい30％。免責金を払えと迫られてもすぐにのむ必要はなく、話し合う場は設けるべきだ。

免責金を従業員に負担させようとする会社は、大体がブラック企業。超過勤務を続けさせていたり、慣れない業務なのに強制的にやらせていることも考えられる。そんなブラック労働によって発生したミスであれば、会社の責任割合は当然大きくなる。労働者に明らかな非がない限り、全額を弁償することはないと考えよう。

納得できない罰金制度
それは違法かもしれない!!

タノウエさん（仮名）は体調不良で会社に遅刻してしまった。すると会社側が「契約書にも書いてある通り、遅刻は罰金3万円だからね」と言ってきたのだ。

「遅刻したら罰金〇万円」といった罰則を就業規則に書き入れている会社は、案外あったりする。しかし、**あらかじめこういった罰則や損害賠償額などを決めておくことは労働基準法に違反している。**よって仮に就業規則に書いてあっても従う必要はない。

しかし、罰金はなくても**減給**は考えられる。遅刻を何度も繰り返す従業員に対して、改善のために「次遅刻したら減給するからね」と警告するのは違法ではない。

ここで問題になるのは金額だ。もし冒頭のように、遅刻して3万円減給されたらどうだろうか。1回2回の遅刻で生活が困窮してしまうレベルの痛手だ。

実は労働基準法第91条には「就業規則で、労働者に対して減給の制裁を定める場合においては、その減給は、一回の額が平均賃金の一日分の半額を超え、総額が一賃金支払期における賃金の総額の十分の一を超えてはならない」と記されている。

もし1日の平均賃金が1万円であれば、減給の上限は5千円。よって冒頭の3万円の減給は無効となる。また、月給25万円であれば、その月の減給の上限は2万5千円までとなる。

では次のような就業規則があった場合はどうだろうか。

「遅刻をした場合、１日の平均賃金の半額分を減給する」

これなら先にあげた労働基準法には違反していないように思える。しかし遅刻程度で１日の給料が半分も飛んでしまうのはいかがなものか。減給額としては重すぎるということで、このような事例では減給が認められなかったケースが多い。

そもそも**何でもかんでも失敗したら、問答無用でお金を取るようなスタンスの会社はブラック企業といえる。**まずは会社が改善のために従業員に指導をすることが先決である。どうしても同じことが何度でも起きてしまうのであれば、そうならないためにどうすればいいかを一緒に考えるのが筋というものだ。

ウエノさん（仮名）は車で移動する仕事をしている。あるとき前の予定が押してしまい、目的地まで急行せねばならず、会社に許可なく高速道路を利用してなんとか間に合わせることができた。その後、ＥＴＣの履歴から会社に高速道路を利用したことがバレて、「給料から高速代引いとくからね」と言われてしまった。

これも果たして本人だけの責任なのだろうか。がんじがらめのスケジュールを組ませている会社にも問題がある。合意なしに給料からお金を引くのは違法だから、訴え出れば取り戻せる可能性は高い。

勝手に給料減らされた！そんな時どうする？

給料を見たら先月よりもちょっと少ない。労働時間は同じはずなのに。会社に理由を尋ねたところ、「手当を少し減らした」とのこと。

「いやいや、そんなの聞いてませんよ！」と言い返すと、会社側からはこんな返答が。「就業規則には手当は変動することもあるって書いてあるよ」

前触れなしの減給。こんなことは許されるのだろうか。

労働条件の変更、とくに労働者にとって不利益な減給については、さまざまな裁判事例があり、モメることが多い。こんな例もある。

モリさん（仮名）の職場は勤務内容に応じて基本給が変動するランク制度を採用している。このルールについては雇用契約書や就業規則に書いてあるのを読んで知っていたが、どういった勤務内容でどのようなランクとなるのか、その詳細な評価方法までは知らされていなかった。

モリさんは5段階のランクのうちの3番目をキープしていた。しかしあるとき突然、ランクが最低にまで落とされ、基本給が半分近くに減った。周りの話を聞いてみると、モリさんだけでなく多くの従業員も最低ランクに落ちていた。

「会社の経営が悪くなってきたからランクを落としたに違いない。私たちの勤務内容なんて関係ないんだ」

経営が苦しくなって人件費を削減したくなるのは理解できないことではないが、唐突にランクを落として減給するのは許し難い。会社に訴え出たところ、「就業規則に書いてあるのだから問題ない」との返答が。ではどういう基準でランクを落としたのかと尋ねても、向こうからは「給与査定に関する事項は秘密」と満足な答えは返ってこなかった。

モリさんの場合、ランクで基本給が変動することは承知している。**しかし法令上、不利益な労働条件の変更には事前に従業員の同意が不可欠だ。**たとえ賃金調整に合理的な理由があったとしても、その理由を明確にする必要がある。

会社のルールは変更があり次第、その変更内容を従業員に知らせる必要があり、労働者側の同意を得られない場合でも、きちんと法令上の手続きをしなければならない。同意もなく、手続きもないようないい加減な減給は違法だ。勝手に給料が減らされたら会社に申し出よう。応じなければ公的機関や個人加盟の労働組合、弁護士などに相談だ。

ところで、会社側が「同意のもとで減給した」と主張した場合はどうだろうか。その同意に詐欺や脅迫、お互いの解釈の相違がなかったのかが争点となる。

きっちり取ろう有給休暇

有給休暇。休んでも給料がもらえる特別な日。アルバイトもパートも、労働者はみんな有給休暇が取得できる。リフレッシュするためのものであり、会社の有給休暇買取（有給休暇取得の代わりに賃金を上乗せすること）は原則禁止とされている。

ただし条件がある。働き方によって休める日数も異なる。まず有給休暇の取得資格を得るための条件がこちら。

Ⓐ採用されてから6カ月以上継続して勤務
Ⓑ契約した労働日数の8割以上を出勤

休める日数については左の表を参考にしてほしい。たとえ週1日の勤務でも、Ⓐ、Ⓑの条件さえ満たしていれば1年に1日の有給休暇を取ることが可能だ。ただし**有給休暇には2年という時効があるので注意しよう。**取得できる有給休暇は年間最大20日（週30時間以上で6年6カ月以上勤務）なので、2年分の40日がストックできる最大日数だ。

以上から「うち、パートは有給休暇取れないよ」「どれだけ働いても有給休暇は年間5日まで」といった会社の言い分は法令に反しているので無効だ。**取得の条件を満たしている従業員から有給休暇の申し出があったら、会社は速やかに受け入れないといけない。**事前に申し出れば取得できるのが原則だが、会社によっては「△週

年次有給休暇の付与日数（厚労省ホームページより作成）

❶通常の労働者の付与日数	継続勤務年数（年）						
	0.5	1.5	2.5	3.5	4.5	5.5	6.5以上
付与日数（日）	10	11	12	14	16	18	20

❷週所定労働日数が４日以下で、週所定労働時間が30時間未満の場合

	週所定労働日数	１年間の所定労働日数※	継続勤務年数（年）						
			0.5	1.5	2.5	3.5	4.5	5.5	6.5以上
付与日数（日）	4日	169~216日	7	8	9	10	12	13	15
	3日	121~168日	5	6	6	8	9	10	11
	2日	73~120日	3	4	4	5	6	6	7
	1日	48~72日	1	2	2	2	3	3	3

※週単位ではなく、期間によって労働日数が定められている場合

間前までに申し出ること」といったルールを設けていることもある。また、事業の正常な運営が妨げられる場合には、有給休暇を別の日に変える権利が会社にはある（ただし、よほどのことがない限り行使できない）。

有給休暇を取る上で理由は関係ない。「推《お》しのイベントがあるので」と有給休暇取得を希望する従業員に対して、会社は「そんな理由で休めるわけないだろ！」とは言えないのだ。取得の理由を話す必要もない。

　また、有給休暇をきっちり取るからといって、その社員の評価を下げたり、給料を減額したりしてはいけない。皆勤手当がつく会社でも、有給休暇を取ったからといって皆勤手当対象から外れることはない。

COLUMN

残業代は どうやって決まっている？

残業代は、**通常賃金の25％以上、休日出勤なら35％以上の割増**となるのが基本のルール。

なぜ時間外労働は割増賃金なのか。それは、**労働者を所定の労働時間以上働かせてしまった会社へのペナルティ**だから。つまり残業は罪なのであるが、「多めに払えばいいんだろ」と開き直っている会社も少なくはない。

残業をさせるには、使用者側と労働者の間で、残業が必要な業務や労働者数、上限時間などの細かい内容を決め、通称「**36（サブロク）協定**」を締結する必要がある。

協定締結にあたって、労働者側は代表者を決める。社員の過半数で組織する労働組合があるなら、彼らが交渉にあたる。組合がない場合は、社員の過半数を代表する人との協定が必要となる。

代表者が36協定の内容に納得し、サインすることで締結だ。そして協定届が労働基準監督署へ届けられ、残業が可能となるのだ。

この大原則をきちんと守らないところも多い。代表者を社長が独断で決めて、「役所に書類を出さないといけないから、ここにサインしておいてよ」と、会社に都合のいい内容が書かれた36協定届にサインさせているケースもあるようだ。

自分の残業代が法令に則って算出されているか、簡単な計算確認方法も解説しよう。次のような例を考えてみる。

「基本給24万円、月の所定労働時間160時間」

まず1時間当たりの基礎賃金を出す。24万円を160時間で割った1500円が、1時間当たりの「基礎賃金」だ。したがって、残業代は25％割増の1時間当たり1875円以上となる。役職や資格などの手当があれば、これも「基礎賃金」に含んで計算する。

このような計算で自身の残業代の目安がわかる。もし残業代が計算よりも低ければ、差額分を要求することも可能だ。

過去にも、従業員が団結し、残業代の差額分を請求した例がいくつもある。「残業代をきっちり払ったら会社が潰れちゃうよ」なんて言い訳をする会社もあるが、残業代もろくに出せないブラック企業は大人しく潰れるべきだ。

ある運送会社は従業員の集団訴訟を受けて労働環境を是正。労働時間が3分の1減り、給料が平均1・5倍になった。働きやすさが抜群に上がり、離職率は激減。人材確保が安定し、売上は伸びていった。**残業代の未払いを是正したことで、むしろ会社経営が安定するケースは多いのだ。**

1-4

法の抜け穴をつく悪知恵

法律違反にならないよう、うまいこと法の抜け穴をついて、搾取しようとする悪知恵もあります。

とはいえ大体の悪知恵は「ほころびだらけ」なんですけどね……。

「任せたぞ!」
押し付けられる無理難題!

キミに大きな仕事を任せたい…
ホントですか課長!?
「倉庫にある商品を売れ」って…
三倉庫
まさかコレか?
社長の思いつきで作ったフィギュアじゃねえか!
オカアチャーン
しかも在庫がこんなに!
その後、なんとか売ろうと頑張ってみたが…
ネットオークション
ドォオオオン
営業
手売り
全然ダメだ!
まったく売れてないだと!?
どうしてくれるんだ!責任をとれ!
もうダメだ……辞めたい
ズゥウウン
てかさ…アレ売るのムリだろ…
もしかして嫌がらせ?

ここがヘンだよ、就業規則

学校に校則という名の独自ルールがあるように、会社には**就業規則**という名の独自ルールが設けられている。労働基準法でも、従業員が常時10人以上いる会社に対して、就業規則を作成し労働基準監督署に届けることを義務付けている。ほぼ他社のコピペで作っているところもあれば、変な規則を山盛りにしているところもある。基本は**労働条件**だったり、**服務心得**といったものが書かれている。その中には、**完全会社都合な規則を設けているところも少なくない。**

とある会社の、退職届に関する就業規則。「退職届を提出する際は30日前までに支部長に相談し、許可が出れば書面にて提出。支部長とともに課長へ提出し、施設長へ……」。以下略とするが、とにかく退職届が会社に受理されるまでの道のりが長い。**労働力を確保するため、いかにして辞めさせないようにするかと考えた末に作られた悪知恵就業規則だ。**

退職届は直属の上司に渡すのが一般的だが、社長宛の内容なので社長に渡してもいい。**会社へ直接出向けない理由があれば郵送でも問題ない。**まわりくどい手続きに正当な根拠が見当たらなければ、このような就業規則は無視していい。

ある会社では**「社内の人間同士で飲み会を開いてはいけない」という謎の就業規則**を設けていた。どうやら会社の愚痴を言い合ったり、団結して会社に歯向かわれることを恐れたためのものらしい。飲み会はプライベートの領域であり、労働時間外だ。就業規則を設ける正当性がない。このような規則は無効と見ていいだろう。悪知恵の働く会社は、このような悪意や後ろめたさのある就業規則をいくつも設定している。

また別の会社に実在した就業規則が、「**社内の人間に雇用契約を漏らしてはいけない**」。給料などの労働条件を同僚に教えてはいけないというのだ。これは待遇の差から不満を持つ社員を出さないための口封じ策であると思われる。しかし給料を教え合うのは社員それぞれの勝手。これも就業規則で制限するようなものではない。

いずれにしろ、**労働基準法**や**労働契約法**、**民法**や**憲法**など、法令の内容を侵すような就業規則は無効とされる。社長の悪知恵によって生み出された就業規則は、大概が法令に違反していると思って差し支えない。たとえ「就業規則に書いてあるだろ」と言われても、会社都合で理不尽な内容であれば、従わず抗《あらが》う姿勢を貫くべき。社長としては法の抜け穴をついたつもりかもしれないが、**「法令のほうが優先されますから！」と反撃に出るのが賢明だ。**

休憩時間は会社の電話を取らなくていい！

長時間にわたる労働を行なう場合、会社は必ず従業員に休憩させる義務を負う。労働時間と休憩時間、これを合わせて拘束時間と呼ぶ。具体的には、**労働時間が6時間以上8時間以下だと少なくとも45分、8時間を超える場合は少なくとも60分の休憩時間を設けなければいけない。**

アパレル販売員のタマイさん（仮名）は午前9時から午後6時までのフルタイム勤務。拘束時間は9時間、8時間労働に1時間の休憩時間を挟む勤務形態になっている。しかし多忙のため、開店から夕方頃までまったく休憩が取れない。そして夕方5時になると会社から「今から1時間の休憩を取って、6時になったらあがっていいよ」と言われる始末だ。「それなら5時に帰してほしい」とお願いしたが、「それだと8時間勤務の契約と計算が合わなくなってしまうので困る」と言われてしまった。タマイさんは待機室で1時間ほど時間を潰し、タイムカードを押して帰宅するのだった。

休憩時間は仕事と仕事の合間に入れる、労働から完全に解放された状態の体力回復時間だ。退勤間際に設けてしまっては休憩時間の意味をなさない。**労働基準法に、休憩時間は「労働時間の途中に与えなければならない」と書かれている**ので、タマイさんの会社は違法行為をしていることになる。同様の理由から、始業してすぐに休憩を入れるのも違法だ。

休憩時間の定義を履き違えている会社は多い。事務員のイワセさん（仮名）は12時から午後1時までの1時間、会社のデスクでお弁当を食べて休憩を取る。ほかの社員も同時に休憩を取り、多くが社外へ出てしまう。その際に社長から「もし電話が来たら対応よろしく」と命じられるのだが、イワセさんは納得がいかなかった。

お弁当を食べながら電話番をしているイワセさんは、休憩時間の定義である労働からの完全解放状態ではない。よってこれは労働時間に該当するため、この時間分の賃金を請求することができる。もしくは電話に出なかったからといって咎《とが》められることはなく、きっちり回復タイムを取ってしまっていい。

とはいえ、電話対応が月に数回あるかどうか程度の頻度であれば、これは労働時間とは言いがたいと判断される可能性がある。休憩時間に必ず電話が鳴る、長めの対応が必要とされる、といった場合が労働時間に該当すると考えられる。

休憩時間か否かが争点となって賃金支払いの裁判になる例は介護職や警備職、そして長時間運転の運送業に多い。これらの業種では待機時間を休憩時間と見なした給与計算にされやすい。しかし、待機時間が労働時間に該当することはすでに述べた通りであり、労働から解放されていないなら労働時間として賃金を請求しよう。

店長になったら給料激減……管理職のフシギ

販売店で働くセガワさん（仮名）。入社して2年目、早くも店長へと昇格した。「頑張りが認められたんだ」と意気込むが、店長の仕事は超激務。店の中で誰よりも早く出勤し、誰よりも遅く帰る毎日。土日出勤も当たり前だ。

そして店長になって最初の給料日。明細を見てセガワさんはその場に崩れそうになった。「一般店員だったときよりも、給料めちゃくちゃ下がってる……！」

これまでは残業時間に応じた残業代が入っていたのに、店長は「店長手当」という名目の手当がついているだけ。しかもその額2万円。時間外労働時間にまったく見合っていない。「残業代がついてないのですが……」と本社上司に掛け合ってみるが、「君は店長、つまり管理職になったのだから当たり前だろう」と一蹴されてしまった。「店長になんてならなければよかった」と後悔するセガワさんだった。

昇格したら給料爆上がりと思いきや、残業代がつかなくなり実質減給となってしまったセガワさん。注目したいのは、上司の口から出た「管理職」というワード。店長は管理職なのだろうか。**管理職になると残業代が出なくなってしまうのだろうか。**

結論から言うと、管理職だからといって残業代が出ないなんてことはない。

そもそも管理職とはなんだろう。「管理職＝偉い＝給料高い」という漠然としたイメージを誰しもが持ってしまいがちだが、実は厳密な管理職の定義はなく、法令にも管理職という言葉は出てこない。法令で決められているのは管理監督者だ。これに属する人は、確かに残業代を支払わなくてもいいことになっている（深夜割増は必要）。**管理職と管理監督者、名前が似ているのをいいことにあえて混同させて、「管理職になったんだから残業代は出ないよ」という悪知恵を働かす会社は多い。**いわゆる「**名ばかり管理職**」というもので、会社側としては働かせ放題の人材をゲットし、「しめしめ」といったところなのだろう。

管理監督者は残業代を出さなくていい代わりに、出退勤の時間は自由、給与も経営者に近いレベルで高水準でないといけない。これらの条件をまったく満たせていないのだから、セガワさんは管理監督者ではない。残業代を当然請求できる。

かつてはあの天下のマクドナルドも裁判を起こされていて、店長は管理監督者には該当しないため残業代を支払うべきであるという判決が下されている。**会社の知恵が浅くて、管理職になったら残業代を払わなくていいと思い込んでいる場合もある。**社内にもそのような思い込みが広がっており、**管理職になると給与が減ってしまうのは仕方ないと思っている人もいるようだ。**「誰もが通る道、辛抱だ」と言われた人もいる。でも完全に違法だ。請求しても残業代を出さないのであれば、証拠を携え、個人加盟の労働組合や労働基準監督署へ駆け込もう。

達成不可能なミッションで離職に追い込む悪知恵

入社して5年目の営業員のカワイさん（仮名）は、「君に任せたい特別なプロジェクトがある」と社長に呼ばれた。営業部向けの効率化マニュアルを作成してほしいとのお達しだ。社長からの期待を感じたカワイさんは快諾。特別ミッションに臨んだ。

本業務の傍ら、試行錯誤しながらマニュアルを作成したカワイさん。満を持して社長に提出すると、「君は一体何をしていたんだ」とすごまれた。「社長に言われた通り、業務を効率化させるマニュアルを作ったのですが……」と震える声で返すと、「違う、私が命じたのは顧客満足度を上げる新プランの練り込みだよ」と突っぱねられた。「そんな！　社長はマニュアルって言ってたはず」と解《げ》せない思いは尽きなかったが、言われた通り、次は新しいプランを考えて再び社長へ提案した。

ところが、社長はため息交じりで首を横に振る。「私はこんなものを作ってくれと言った覚えはない。私が望んだのは、社内レクリエーションの新しいアイデアだ」

もうカワイさんは訳がわからなかった。さらに追い討ちをかけるひと言が。

「君は最近営業成績が下がっているじゃないか、このまま会社の荷物になる気なら、次のボーナス査定は覚悟しておくんだな」

カワイさんは目の前が真っ暗になった。社長の命じたミッションをこなすのに必死で、本業務の成績が下がってしまうのは避けられないことだった。
カワイさんは体調を崩して休職することになった。しばらくして会社から「このまま休まれても困る。辞めるつもりならとっとと退職届を出してくれ」という無情な連絡が。会社に戻ってもまたあの達成不可能なミッションが待っていると思うと復職する気になれない。カワイさんは退職届の準備を始めるのだった。

無理難題を押し付けて難癖をつける。責任と無力さを感じさせて退職へと追い込む悪質な方法だ。一見して法的な問題はなく、尻尾をつかみにくいやっかいな悪知恵である。PIP（業績改善プログラム）とも呼ばれ、本来の意味としては業績改善のための一施策に過ぎないのだが、そのプログラムの仮面をかぶって悪用し、辞めさせたい人間を窮地に追い込む。

実際にこのような事例で裁判になったケースは多く、**解雇するに相応《ふさわ》しい合理的な理由があったかどうかが争点となる。**どれだけの証拠があるかで勝負はほぼ決まるので、やはり録音などの記録が肝心だ。カワイさんの場合、やり取りを録音すれば理不尽な業務が与えられていたと認められる。さらには**退職強要**や**パワハラ**も問題視でき、損害賠償請求が一つの対抗手段になるだろう。また、個人加盟の労働組合に加入して、未払い残業代などを含めて会社と交渉していく方法もある。

たとえ1分でも退勤後に働かせたら違法です

労働時間は1分ごとに計算されるべきである。あるいは、たとえば15分刻みで計算されるのであれば、端数切り捨てではなく切り上げ式でなければいけない。

ある販売店では、店長が社員に次のような命令を下した。

「出勤時は書類の整理をしてからタイムカードを押してください。退勤時は、タイムカードを押してから身の回りの整理をしてください」

これは明らかな違法。掃除や整理も労働のうち、労働時間にカウントされる。9時から6時の、休憩1時間、労働時間8時間でタイムカードを押していて、整理の時間は残業時間。朝と夕方で15分ずつ行なっているとしたら、合計30分の整理時間が残業代支払いの対象となる。

就業中で心当たりのある人は、これからでも遅くはないので記録を残そう。たとえば、1週間分の記録を作って証拠として労働基準監督署で申告するか、弁護士、個人加盟の労働組合などに相談する。すると、これまでも同じように残業代の未払いが行なわれていたという判断が下され、過去をさかのぼって残業代請求が行なえる可能性があるのだ。**メモとして書き留めるのもいいし、社内パソコンをシャットダウンした時間なども記録になる。交通系ICカードに残っている改札通過時間も、証拠になり得るぞ。**

それでは、持ち帰り残業はどうだろうか。

就業中に仕事が終わりきらなかったイシイさん（仮名）。上司から仕事を家に持ち帰って終わらせるように指示された。「在宅での仕事はどうやって残業代をつけるのだろう」と不思議に思いながらも、何回か持ち帰り残業を実施。給料日にさっそく確認したところ、案の定、自宅での仕事は残業代には含まれていなかった。

持ち帰りの仕事も当然のように残業代の対象となる。ただし自分の判断で家に持ち帰って仕事をした場合、残業とは見なされなかったケースもある。大事なことは必ず上司の指示を仰ぐこと。指示があったならば、それは残業となるのでもれなく残業代が支払われる。会社側が残業代を支払おうとしないのであれば、しっかりと記録を取るようにしよう。

悪知恵を働かす社長は証拠を隠そうと必死になる。**こちらが指摘すると慌てて勤怠表を隠して、改ざんするかもしれない。先手を打って証拠は確保しておこう。**

「1日数分程度の残業なら……」と軽く見ないほうがいい。たとえば毎日サービス残業を10分していたとしよう。時給1200円と見ても、10分は200円に該当する。年間200日働いていれば4万円と馬鹿にできない額だ。給与の未払い請求は過去3年分までさかのぼれるので12万円にもなる。

「罰則で掃除」も賃金は請求しよう

「会社でミスをしてしまい、その罰として1カ月間仕事終わりに掃除をすることになりました。この掃除の時間は残業代に含まれないのでしょうか」

こういった懲戒自体が不当なものではあるものの、やむを得ず掃除をした場合はこの**「罰」としての業務ももちろん労働時間に入るわけで、それが就業時間外であれば残業代の対象となる。**

終業後に呼び出され叱責を受けるのも、労働時間に含まれるので残業代は請求できる。そもそも**必要以上の叱責はパワハラにもなり得る**ので別の問題が浮上する。**いずれにしろ記録は残したい。**何月何日の何時から何時まで掃除を行なったのか、きちんと記録をつける。叱責は録音できれば強力な証拠として役に立つ。

そもそも従業員に何かしらのペナルティを科すのであれば**「懲戒処分」**すればいいだけの話。たとえば**戒告**と呼ばれる文書や口頭での注意、あるいは始末書を書かせるといった**けん責**があり、これらは軽めの懲戒処分。ほかに**減給**、**出勤停止**、**降格**、**諭旨《ゆし》解雇**、**懲戒解雇**がある。諭旨解雇とは両者が話し合った上で解雇あるいは退職扱いとする処分。懲戒解雇は問答無用の解雇であり、もっとも重い懲戒処分だ。

従業員の失態に対する懲戒処分の度合いについては、就業規則などで細かく決められていることが多い。ただ行為そのものの内容については曖昧で、不当な懲戒処分を受けたことでモメるケースも多い。

大事なことは、やってしまったことと、それに対する懲戒処分のバランスがとれているかどうかにある。

「会社の信用を著しく損なう行為があったとき懲戒解雇とする」という就業規則があったとして、はたして会社の信用を著しく損なう行為とはなんだろうか。顧客のお金を着服していたら一発で懲戒解雇対象の可能性もあるが、たとえば仕事終わりの飲み屋でいざこざがあり、人にケガさせてしまったら。これは会社の信用を著しく損なう行為なのだろうか。場合によっては戒告では軽すぎ、出勤停止や降格程度が妥当といえるかもしれない。同時に加害者として損害賠償責任なども負わされるはずだから、十分なバランスがとれているといえる。

処分内容に不服があれば、自分のした行為と会社の言い分、就業規則といった材料を整理して、弁護士や総合労働相談センター、個人加盟の労働組合などを訪ねよう。

ときに、**後からこっそり就業規則を都合のいいように改ざんするといった悪知恵を働かす会社もある。**改ざんされたことが証明できるよう、現時点での就業規則を保存し、会社とのやりとりはすべて記録として残すという対策を打っておこう。**ブラック企業の悪知恵に対抗するなら、とにかく先手を打つに限る。**

会社が労災認定してくれない！

労災保険の保険料は会社側が全額負担。従業員に万が一のことがあったとき、業務上のものと認定されれば労災保険適用で収入が保障され、治療費も支払われる。仕事中のケガだけでなく、**社内ハラスメントなど精神的な攻撃に起因した病気の治療費も労災認定されれば労災保険で保障される。**

飲食店で働いていたイイダさん（仮名）は濡れていた床で滑って転んで腕を骨折。会社から「すぐに病院へ行ってきて！　治療代はすべてこっちで払うから領収書をもらってきてね。あと休みもとっていいからね」と言われた。

気を遣った発言にも思えるが、これは実は「**労災隠し**」とも呼ばれる悪知恵。イイダさんのケガは会社で起こったものだから、当然のように労災認定されるもの。**労災指定病院へ行って「労災で治療したい」と言えば治療費負担ゼロで済む。**指定外の病院でも、その場では治療費を払うものの、後に労働基準監督署へ申請書類を提出することで、後日、労災保険から負担分が返還される。

治療費は労災保険から返還されるべきなのに、会社が払うということは、会社は労災扱いとして処理していない可能性がある。イイダさんにとってはどちらでもいいと思うかもしれないが、問題は治療費ではなく**休業中の収入保障**だ。会社から休んだ分の補塡が一切ないのであれば、イイダさんの生活が苦しくなってしまう。さらにもし後遺症があれば、その後の治療や生活支援について、会社は責任を負わずイイダさんが自分の保険の範囲内で負担することになってしまう。

なぜイイダさんの会社は労災扱いにしたくないのか。会社の評判に傷がつくのもあるが、もっとも懸念しているのは労災が下りることで以降の保険率が上がってしまうこと。**なるべく労災保険の支払いを抑えたいがため、労災認定を避けようとしているのだ。**

加えてもう一つ、**死傷病報告を出したくない**というのもある。仕事中のトラブルが原因で従業員が4日以上の休業、もしくは死亡した場合、会社は死傷病報告を提出する。これによって労働基準監督署が、安全配慮義務を怠っていないかと調査に来る。そこで何か問題が発覚した場合、さらに面倒なことになる。このような事態も会社は回避したいのだ。

仕事が原因でケガや病気になったら絶対に労災保険を頼ること。もし会社が「君の不注意で起きたことだから」と難癖をつけて、かたくなに労災認定してくれないのなら、労働基準監督署へ相談だ。**会社を経由しなくても労災保険適用の手続きは自ら行なえる。**「労災だといろいろと手続きが面倒だから」といって避けようとする会社もあるが、聞く耳を持たないでいい。

1-5

職場のハラスメントは倍返しだ！

ハラスメントは、証拠さえつかんでいれば一発KO！
問題は「証拠のおさえ方」です。
加害者から直接引き出せなくても、テクニックはいろいろあります。
会社に相談して改善されなかったとしても、会社側に責任追及することができます。
許しがたいハラスメント。
加害者と会社、両方に法の鉄槌を！

パワハラ撃退！
アレがダメならこの手を使え！

役立たず！
クズ！
ガミガミ
辞めちまえ
パワハラ上司め訴えてやる！
とはいえ職場は電子機器の持ち込み厳禁…
これじゃあICレコーダーで証拠が取れない…
大丈夫！
他にも証拠になるものはあります！
パワハラを受けた内容を記した日記
退職者や同僚の証言
そうなのか！
いろいろやり方はあるんだ！
覚悟しろ！
有罪！

力関係を背景としたハラスメント

ハラスメントとは嫌がらせやいじめなどの迷惑行為のこと。「やめてほしいな」と感じることを日常的にされ続けているのであれば、それはハラスメントだ。暴言を浴びせたり、暴力を振るう**パワハラ（パワーハラスメント）**、性的な嫌がらせをする**セクハラ（セクシャルハラスメント）**、性的指向や性自認に関する**SOGI《ソジ》ハラ（SOGIハラスメント）**、ほかにも**カスタマーハラスメント**や**マタニティハラスメント**など、ハラスメントの種類はいくつもある。

上司、取引先、顧客など、お互いの関係による力量差が必ず生じてしまうため、職場ではハラスメントが多発しやすい。そして職場を構成するのは会社であるから、ハラスメントが日常的に起きてしまう環境の一端を会社が担っているともいえる。すなわち、会社はハラスメントが疑われる事象を確認したら、職場環境配慮義務によって調査し、問題解決に取り組む義務が課されている。もしこれを怠ったら違反となり、ハラスメントを受けていた被害者は会社に責任追及することができる。

職場で「やめてほしい」と思うことがあったら速やかに告知しよう。小規模の会社であれば社長に直接告げてもいいし、比較的大きな会社なら人事課だったり、ハラスメント相談窓口が用意されているはずだ。

社長からもハラスメントを受けていたり、会社が信用できない場合は、厚生労働

省が設ける「ハラスメント悩み相談室」に相談してみよう。ハラスメント問題に強い弁護士や、個人加盟の労働組合に話を聞いてもらうのもいい。

ハラスメントに関して争うことになった場合、争う相手は会社と加害者の2者となる。改善を怠った会社に責任を負わせるのか、それとも加害者にも慰謝料を請求するかなど、どのような落としどころになるかはケースバイケース。ただしハラスメント行為は必ず、完全になくさなければならない。そしてこの争いを境にして、被害者の社会的な地位が不利になったり、社内での扱いが悪くなるようなことは、決してあってはならない。

力関係に組み伏せられて、嫌なことを我慢する必要などはない。我慢に我慢を重ね病気を患ってしまったり、自死してしまうケースも世の中では実際に起きている。ハラスメントで病気や死に至ることなど誰も望んでいない。命が一番大事なのだから。

ハラスメントは一人で抱え込んでいると、ますますエスカレートする可能性がある。しかしハラスメントの事実を会社や加害者に伝えることで、周りに当事者としての意識が広まり、再発を抑え込むことができる。一人で悩まず相談しよう。

録音が最強の武器

ハラスメントに効果てき面な対処法は、本書で何度も書いてきた「**記録**」だ。メールやチャットなどでハラスメントを受けた記録が残っていればそれが証拠となるし、どういったことをされたのかをメモしておくことでも証拠になる。ハラスメントで心身が病み、病院で治療中なら**診断書も証拠になる**ので保管しよう。

しかし、中でも**録音が最強の武器**だと思っていい。ハラスメントがあったという事実が音声として残っていれば、会社に対応を求めやすい。対応しなければ然るべき機関に相談をすればいいだけだ。

できればＩＣレコーダーや携帯の録音機能で、仕事の間ずっとレコーディングしておくことが望ましい。**ハラスメントはいつ飛び出してくるのか予想のつきにくいものだからだ。**

ハラスメントの瞬間を録音できていなくても、被害について加害者に直接問いかけることでも証拠は手に入る。「昨日、なんで胸ぐらをつかんで殴ろうとしてきたんですか」と尋ね、「そりゃ君がミスばっかりするからだろ」という言葉を引き出せたら、これもハラスメントを認める証拠だ。

加害者に直接掛け合うことが困難であれば、ハラスメントの現場に居合わせた人から証拠となる言葉を引き出して録音するのも有効な手段だ。

たとえば上司Aから「なんでお前はそんなに馬鹿なんだ！」と叱責を受けたとしよう。現場に居合わせていた人に後日、「Aさんに馬鹿呼ばわりされたとき、なんでAさんのことを注意してくれなかったんですか」と尋ねてみよう。「あの程度のことを言われたくらいで、そんなに怒るなよ」といった言葉を引き出すことができたら、これもハラスメントの事実を証明する立派な証拠。会話でなくとも、メールやチャットでもこういったやりとりを証拠にすることができる。

わざわざ録音なんかせずとも、同僚たちと一緒に訴えを起こせばいいのではないか、と思うかもしれない。しかしこのやり方は少しリスクがあるので勧められない。「パワハラをやめてもらうよう会社にお願いするんで、手伝ってください」と声をあげ、協力者を得ようと動く。その場では承諾してくれたものの、いざ訴えを起こしたら援護射撃をしてくれず孤立無援となってしまう、なんてことも。

ハラスメントは職場の力関係で起きるもの。同僚たちもハラスメントにビクビクしながら仕事をしているわけで、「自分もターゲットにされるかもしれない」という恐怖心から、堂々と味方につけないこともあるのだ。あるいは事前に気づいた加害者側が根回しをして、口封じをするかもしれない。根底にはいじめ問題に似た性質がある。

どのような改善、解決を望むのか、ゴール地点を決めておく

ハラスメント問題を解決したいのであれば、どういった決着をつけたいか、事前にゴール地点を設定しておくことが望ましい。

ハラスメント行為をやめてほしいのか。改善に前向きにならない会社に、損害賠償を請求したいのか。加害者にも慰謝料を請求したいのか。別の部署に移ってもらい距離を置きたいのか。どうなってほしいかのゴールは定めておこう。

また、自分自身についてもどういった今後を望んでいるのかも決めておく。慰謝料の請求を起こしつつ、別の会社へと移るのか。それとも会社に在籍しつつほかの部署へ行くのか。以前と変わりなく同じ場所で働きたいのか。

自身の心境と状況に応じて落としどころをあらかじめ決めておくことで、ハラスメントへの反撃の難しさ、つまりハードルの高さも違ってくる。もっとも穏便なゴールは「ハラスメントをやめてもらう」だ。会社経由で加害者本人に伝えてもらい、同意してもらえばそれで済む。ここで加害者が「ハラスメントではない」と主張し、その後も同じような行為が続くようであれば、次の落としどころを決めるステップに移り、ハードルの高さや作戦も変わってくる。

ハラスメント問題は、加害者もしくは被害者どちらかが会社を去ることで決着するとは限らない。実際の事例を見ていくと、加害者も被害者も引き続き会社に在籍

しているケースは多い。ただお互いぎくしゃくするのは間違いないから、別の部署に異動するなど、物理的な距離を置くことは多い。小さな会社であっても、ハラスメントさえなくなればそれでいいということで落ち着くケースもある。

とにかく一人で抱え込まず、知人やSNSに愚痴を吐くよりもまずゴール地点を決めて次は会社に相談。

「対処しない会社は絶対に許せん、倍返しだ！」という気持ちで損害賠償請求して、会社側と戦うのであれば、より綿密に戦略を練るべき。日本の裁判事例を見ていくと、ハラスメントによる損害賠償請求額はせいぜい数十万円。弁護士への費用も考慮すると、赤字にもなり得る。**ハラスメントだけだと主張が弱いと見なされてしまうのが現代の日本の法律だ。**

そこで戦略として、ハラスメントだけでなく、残業代の未払いなど会社の悪知恵行為をセットにして請求することに挑戦したい。ハラスメント行為を見過ごしている会社というのは、ほかへのケアもだらしないのが定番。残業代の未払いはないか、日常的に違法な行為で働かせていないか、業務を俯瞰《ふかん》し、見つけ次第証拠もゲットしていこう。セットメニューを取り揃えてから個人加盟の労働組合を通して交渉したり、訴訟するのがベターだ。

ノルマで自腹購入を強要された！ もしかしてそれ、パワハラかも？

不公平な業務やノルマを課すのもハラスメントの一つだ。たとえば特定の社員にだけ本来の業務に含まれていないトイレ掃除をやらせるなど、**不公平な業務はパワハラの一つになる。**

ノルマを達成しなかったら金をとられるというのももちろん違法だ。それが金銭ではなく、たとえば「腕立て100回！」といったペナルティであっても、**立派な体罰。**パワハラなので応じる必要はない。

タナカさん（仮名）は営業員。毎月のノルマが設定されていて、達成できないと罰ゲームと称して、職員の前でモノマネを10分間披露しないといけない。この罰ゲームをどうしても逃れたいタナカさんは、ノルマが達成できそうにない月は自社商品を自腹で購入し、難を逃れている。

罰則を恐れての「自爆営業」。まったくもって買う必要などない。「モノマネなら罰則というほどでもないし、ハラスメントにもならない」と主張する上司も稀にいるが、**業務上の必要がなく本人が「いやだ」と感じたらそれはハラスメントだ。**

自腹購入が当たり前のように行なわれている会社も実在する。その理由の一つには、罰則とは逆のパターン、ノルマを達成したらご褒美がもらえる、というルールを設けている会社があるからだろう。あと1万円分のノルマを達成すれば5万円の特別手当がもらえる、となったら自腹購入に踏み切る心理も理解できないわけではない。このようなノルマ達成による特別な報奨を設定するのは違法ではない。このようなケースがあるため、自腹購入が黙認されている風潮を生んでしまっているのかもしれない。

エスカレート版で「ノルマを達成しないと出世に響くぞ」と脅して自腹購入を強要することもある。もちろん応じる必要はないのだが、社内での立場を考えて泣く泣く購入する人もいるかもしれない。この場合ももちろんパワハラに該当するから、記録を残しつつ会社に改善を要請し、改善が見込めなければ公的な機関など専門家に相談だ。

ショップに勤めるナカノさん（仮名）は商品の発注数を一桁間違えてしまい、5個のはずが50個も仕入れることになってしまった。誤発注を店長に責められ「全部とは言わないが、何個か買って弁償しなさい」と強要された。この場合、ミスの引け目を感じて自腹購入をしてしまうこともあるようだが、従う必要はない。そもそも**重要な発注作業をナカノさん一人に任せるのが問題であり、会社のチェック体制を改善する必要がある。**全部を自分一人の責任に感じることなどない。しつこく購入を強要されるのであればパワハラなので、然るべき対処を行なおう。

世にも恐ろしい でっちあげハラスメント

ハラスメントの応用技ともいえる最悪な悪知恵がある。

ノガミさん（仮名）は1年前からパートとして、美容サロンで働き始めた。真面目な働きぶりが認められ、入社1年後には正社員に昇格。その直後から、先輩社員から執拗《しつよう》な嫌がらせを受けるようになった。我慢を重ねる日々だったが、あるとき反抗する態度を見せたところ「こちらには実権がある。またパートに落としてやろうか」と脅された。積もり積もった鬱憤と、これまでの頑張りを踏みにじられるような思いから、ノガミさんはこの先輩社員を訴えることを決意。同時にハラスメントの現状を把握していながら対策を講じなかった会社にも損害賠償を請求した。

争いは泥沼化した。パワハラを繰り返してきた先輩社員が「身に覚えのないことをノガミさんに言われて心身を病んだ」として、パワハラを受けたのはむしろこっちであると訴え返してきたのだ。しかも会社も先輩社員の訴えを支持しており、会社ぐるみでノガミさんを陥れようとしてきた。

ノガミさんには、先輩社員から受けたパワハラの事実を証明するものは何もなかった。対する先輩社員は精神科の病院が出した診断書を証拠として提示しており、「こんなになるまでパワハラを受けた」と主張した。ノガミさんに起因するものか疑わしい診断書であったが、証拠の数ではノガミさんに分が悪い。訴えを取り下げ泣き寝入りするしか道はなくなってしまった。録音の証拠を残していれば、このような仕返しを受けることはなかっただろう。

このように**ハラスメントをでっちあげて、組織ぐるみで訴えにかかってくるケース**も増えている。辞めさせたい人物がハラスメントをしていたという事実を「**捏《ねっ》造《ぞう》**」するため、従業員に「あいつに叱責されたことがあるだろう。あれはパワハラだったということにしろ」「いつも声をかけられていただろ、セクハラだったことにしろ」と言質《げんち》を取るのだ。ハラスメント捏造を強要された従業員たちも、会社の命令にはなかなか逆らいにくいもの。ハラスメントを捏造されたターゲットは「君のことで嫌な思いをしている人がいるぞ」「ハラスメントの加害者として懲戒処分を食らう前に、自分から去ったほうが今後のためだよ」と退職を勧められる。**ハラスメントをでっち上げられ、反撃する暇もないまま、泣く泣く会社を辞めることになるのだ。**

ハラスメントの「冤罪」は非常に対処が難しい問題だ。もし当事者になってしまったら「ハラスメントはしていない」というスタンスを貫き、証拠があるなら出すよう主張しよう。弁護士に相談し、加担者へのヒアリング調査によって、「捏造を強要された」という証言を引き出し解雇を回避できた例もある。

「取引先」には逆らえない……組織間のパワーバランスで起きたハラスメント

組織間のパワーバランスによるハラスメントが問題になることもある。

ウエハラさん（仮名）は銀行に併設された社員食堂で働く女性だ。銀行がウエハラさんの所属する会社と業務委託契約を結んでいる形であり、銀行が発注者で会社は受注者。自然と力関係も銀行のほうが上ということになる。

ある日、銀行職員の男性に「今晩付き合わないか」と誘いを受けた。びっくりしたウエハラさんだったが、そのときは適当にあしらうにとどめた。その後、男性によるアプローチは過激になり、ときには卑猥な言葉を投げかけてくることも。挙げ句の果てには、食堂ホールの片付けをしていた際、後ろから抱きつかれるという恐怖体験もあった。これまでは仕事だからとなんとか我慢できていたが、さすがに身の危険を感じ上司に事情を伝え「銀行へなんとかするよう伝えてもらえないか」と訴えた。しかし上司からは予想外のひと言が。

「大事な取引先だから、そこは我慢してくれないか」

何度訴えても対策を講じてくれないので痺れを切らし、会社に対して解決を求めることにした。相談を持ちかけた個人加盟の労働組合の専門家のアドバイスを参考にし、男性からセクハラを受けていた事実を職場仲間に証言してもらった。さらに会社へ提出した改善願いの書面や、会社からの返答も記録。これら証拠を携えて改めて会社と交渉したところ、会社は事態の重大さを認め、ようやく改善へ向け重い腰を上げた。会社を通して銀行に通達、銀行側の担当部門が速やかにヒアリング調査を行なってくれたのだった。ウエハラさんとしてはこれ以上のセクハラ行為がなくなるのであればそれでよく、事を荒立てるつもりはなかった。

当該の銀行職員は行為の事実を認めたものの、「好意的な思いからやっていた」「相手は拒否していなかった」という、反省の色が見えない言葉が返ってきた。

拒否していなかったからといって、行為を受け入れていた、セクハラの事実がなかった、という根拠にはならない。**組織の力関係から、ウエハラさんが拒否することができなかったという客観的な考察ができる。**よって裁判にまで発展すれば対処しなかった会社が慰謝料を払うことになるし、職員も責任が問われることになる。その旨を専門家から伝えたところ和解という形で落ち着いた。ウエハラさんは引き続き同じ職場に勤めることになり、セクハラも完全になくなったのだった。

分業化が進む経済市場の背景もあり、こういった組織間のパワーバランス事情によって起こるハラスメントは深刻化している。改善へ積極的な姿勢を見せられない会社が大多数なのだ。会社が対応してくれない場合はウエハラさんのケースのように専門家の力を借りよう。証拠を集めて声を上げれば、解決への道は明るくなる。

1-6

解雇・退職の疑問、一気に解決！

「辞めさせられそう」
よほどのことがない限り、会社が一方的にあなたを辞めさせることはできません。

「辞めさせてくれない」
私たちには退職の自由があるので、最低限のルールさえ守れば退職は可能です。

会社側の悪事で辞めるのであれば、遠慮は要りません。反撃態勢を整えて辞めちゃいましょう。

要求の雨嵐！
それに従う必要は!?

整理解雇、合意退職、懲戒解雇、辞め方にもいろいろある

会社の辞め方にはいろいろある。まず代表的なものをざっくりと説明しよう。

合意退職　会社側と従業員が話し合い、合意した上で雇用契約を解除する。前向きな形で解除のケースが多い。

自主退職　労働者自らが退職を申し出ること。転職や独立など自己都合によるものが多い。

希望退職　早期退職ともいう。人員削減や事業縮小などを理由に、会社が従業員の中から退職者を募る形式。申し出た従業員には所定の退職金を払ったり、転職先の斡旋《あっせん》をするなど、「退職の見返り」を用意して親身にケアを行なう必要がある。あくまで希望制であり、無理強いすることはできない。

普通解雇　解雇とは会社から従業員に会社を辞めるよう言い渡すこと。つまりクビ。遅刻や欠勤が多かったり、会社に対して妨害行為を繰り返したりなど、目に余る行動ばかり起こす従業員は普通解雇されることがある。普通解雇されるケースは極めて限定的であり、「普通」の名がついているものの、これに該当して会社を去る人は稀。

整理解雇　いわゆるリストラ。「会社の経営上どうしてもその手段しかない」という場合に限り整理解雇のカードが切られる。本当に経営が苦しいのか、希望退職な

ど解雇以外の方法は試したのか、人選は適切なのか、きちんと説明し納得してもらっているのかなど、整理解雇に至るにはいくつも関門をクリアする必要がある。よって整理解雇に該当するケースも稀といえる。

懲戒解雇　ペナルティとしての解雇。会社のお金を横領したり、経歴詐欺で入社していたり、犯罪まがいの行為を行なっていたり、企業秩序を大きく乱した場合でない限り懲戒解雇とはならない。

このように、辞め方にはいろいろあれど、**会社が労働者を一方的に辞めさせるのはかなりハードルが高い。**よほどのことがない限り、解雇を言い渡されるケースはないことをまずおさえておこう。

また解雇予告義務といって、解雇を通達する場合、30日以上前に会社側から従業員へ予告しなければいけない。30日未満であった場合は従業員へ、解雇予告手当を払う義務がある。もし即日解雇であれば30日分の解雇予告手当を払うことになる。

解雇や退職に関して気になるのは失業給付金だ。雇用保険を一定期間納めていて条件を満たしていれば、解雇でも退職でも給付を受けることができる。**ただし自己都合で退職した場合、受給まで2カ月ほど待たされることになるのが一般的だ。**

「退職できない」はあり得ない

会社は従業員を簡単に辞めさせることはできない。その一方で、**従業員には退職の自由がある。**民法第627条第1項には次のように記されているぞ。

「当事者が雇用の期間を定めなかったときは、各当事者は、いつでも解約の申入れをすることができる。この場合において、雇用は、解約の申入れの日から二週間を経過することによって終了する」

つまり**退職届を出してから最短で2週間で辞めることが可能ということ。**民法には「雇用の期間を定めなかったときは」と書かれており、契約社員のような有期雇用の人は対象外と思われがちだが、すでに1年以上働いていたり、病気やケガといった止むを得ない事情のときは雇用期間内であっても退職が可能だ。

就業規則に「退職届は2カ月前に出すように」と書いている会社もあるが、そういった規則が絶対的なものではないのだ。とはいえ社内である程度のポジションにあり、会社にとって大事な仕事を任されていた場合、2週間で会社を去るというのは常識的にいかがなものかという見方もある。労働者は信義則上、業務を後任に引き継ぐべきであるともされている。満足な引き継ぎを行なわなかったことで会社が損害を被ってしまい、損害賠償を請求されるという事態にならないとも限らない。

社会のマナー上、自身の社内での立場をよく考慮して、2週間よりもなるべく前に

退職届を出すほうが後腐れがなくていいだろう。

一方で「本日付で退職」というのもできないわけではない。執拗なハラスメントを受けていたり、家族が大病にかかり、つきっきりで介護が必要になるなど、本当の本当にやむを得ない場合、本日退職は致し方がない。会社も認めてくれるだろう。

退職届は会社に直接届けに行かなくてもいい。心身が疲労していて会社へ行く気になれない人もいるだろう。その場合は郵便で、配達証明など証拠が残る形で送ろう。

「郵送で退職届を送ってくるなんて非常識だ。直接会社に出向くまで、最後の月の給料は渡さんぞ」

と給料を脅しの材料にする会社には「給料を払わないなら労基署に報告します」と言えばいい。こういった会社は大抵がブラック企業であるから、これまでのブラックな所業も含めて労働基準監督署に報告するほうが社会のためにもいい。

「上司が辞めさせてくれない」は絶対にあってはならない。「次の人が見つかるまでは残っていてよ」と説得され「申し訳ないし次の人が見つかるまでなら」と納得するも、気づけばかれこれ1年以上働いてました、なんてケースも見聞きする。間違いなく次の人なんて探していない。情を逆手に取った会社の悪知恵だ。

退職時の有給休暇消化はマナー違反？

「退職時に有給休暇を申請するのってマナー違反なのかな……」

と引け目に感じる人もいるかもしれないが、**まったくそんなことはない。遠慮せずに申請をしよう。** 会社側から「辞めるならついでに有給休暇も取りなよ」とアドバイスしてくれる慈愛に満ちあふれた会社は……、そうそうない。自分から取得のために動こう。

退職日は有給休暇の日数から逆算して設定するのがお勧めだ。たとえば6月30日に退職するとして、20日分の有給休暇が余っているのであれば、最終出勤日は6月30日から20営業日前に設定すればいい。退職届にもその旨を記載しよう。

「2022年6月30日をもって退職します。また6月3日から30日までの、土日を除く20日間の年次有給休暇の消化を申請します」

といった具合だ。

もし**有給休暇の残余日数に自信がなければ、「なお、残余日数は20日分と認識しており、最終出勤日は6月2日としています。過不足があればその日をもって退職日とします」と退職届に追記すればいい。**

フクダさん（仮名）は今月いっぱいで退職することを決めていた。翌月からさっそく次の会社に勤め始めることも決まっている。気掛かりは有給休暇の消化。最大の

35日分たまっているのだが、今月いっぱいで辞めるため、このままでは消化しきれない。翌月分まで有給休暇を申請すればいいのだが、次の会社の勤務日と被ってしまう。フクダさんの場合、どうするのがベストだろうか。

二重就労の禁止を就業規則に定めている会社は多い。 もし翌月にはみ出して有給休暇を申請したら、フクダさんは前職の有給休暇消化中に転職することになる。つまり形式上は二重就労をしていることになる。しかし次の会社に移ることが決まっていて、二重就労をしようという目的はフクダさんにはない。よって**禁止事項には抵触しない**と考えることができるので、安心していい。ただし、**辞める会社と転職先両方の承諾は必要となるので、正しくその旨は伝えるようにしよう。** また、会社によっては退職時の**残余有給休暇日数を買い取る形で精算するルール**を設けているところもある。在職中の有給休暇の買取は原則禁止だが、退職時の買取については違法とはされていないので、買い取ってもらうのもいいだろう。

前職の有給休暇消化をしながら働く際は社会保険が二重加入にならないよう気をつけたい。有給休暇消化を終えてから転職先の社会保険に切り替える、といった工夫を行なう必要があるので、覚えておこう。

「一身上の都合」で辞めなくてもいい

退職届の出だしでよく見るのが「一身上の都合により」。

一身上の都合とはなんなのだろうか。辞める理由を具体的に明かしたくないため、そのような言葉をチョイスする場合もあるだろう。しかしたとえば社風があまりにもブラックすぎることによる退職であるなら、その具体的な仕打ちを明文化して退職届に書き込んでも、なんら差し支えはない。

たとえばパワハラを受けていたのであれば、次のような退職届を出してもいい。

「私は○○課○○さんの日常的なパワーハラスメントによって精神的な苦痛を受け、これ以上の就労が困難になりましたので、○月○日付で退職します」

これに加えて、パワハラに関して損害賠償を請求する予定である旨を書いておくのもいいだろう。**ブラック企業への復讐宣言を退職届に盛り込むのだ。**

ただし、退職届でいきなりパワハラを打ち明けるのは得策ではない。きちんと事前に会社の然るべき部署に相談し、まったく対処されなかった、あるいは改善の兆しがなかったことを証拠として残した上で、このような退職届を出そう。さらに、すでに定番のアドバイスだが、**パワハラ内容も録音なりメモなりで残していることが望ましい。**

一身上の都合ではなく、会社のブラックな所業によって辞める、ということを退職届に書くことには一つの大きな意味がある。**自己都合ではなく、会社都合での退職扱いにされるのだ。**よって**失業給付金の給付制限が取り払われ、自己都合であれば2カ月給付を待たされるところ、いち早く受け取れるようになるぞ。**

タドコロさん（仮名）はブラック企業に退職届を出すことに決めた。同時にこれまで会社から受けた仕打ちをすべて退職届で明らかにすることにした。

「月の残業時間が100時間を超える酷使、しかも残業代は40時間までしか出ない。さらにパワーハラスメントも日常的に行なわれており、会社がこれに対処しなかった。心身が疲弊し、体に不具合が出てしまった。よって辞めます」

このような内容を盛り込んだのだ。この旨をハローワークでの手続きの際にも伝えることで、**「特定受給資格者」**または**「特定理由離職者」**と認定され、会社都合での退職扱いとなった。失業給付金をすぐに受け取ることができて、タドコロさんは生活に窮することなく、求職活動をしながら心身をいたわる期間を得ることができたのだった。

仮に会社が退職届を受理しなくても、ハローワークに伝えればきちんと退職が認められて、失業給付を受けられる。「一身上の都合により」ではなく、辞める理由を明確にすることで、より労働者が守られる形で退職を実現することができるわけだ。

退職を勧められたらとるべき、たった一つの対処法

従業員をうまく丸め込んで自主退職させる。そんな**「辞めさせ屋」**とも呼ぶべき担当者を使う会社もある。同情するそぶりをしつつ、遠回しに退職を勧めるのだ。

営業員として働いていたタニさん（仮名）。あるとき上司との面談で「仕事が合わないんじゃないか」「この成績だと昇進や昇給は望めないかもしれない」「解雇だと経歴に傷がつくから、辞めたいなら自主退職がいいよ」と退職を勧められてしまった。上司の評価に落ち込むタニさん。しかし今以上の条件で雇ってくれる会社と出会えるとは思えず、何としても今の会社に在籍し続けたいという意向だった。

あるとき、人事担当者が「上司から退職を勧められたみたいだけど、言うことを聞く必要はないよ」と優しい言葉をかけてくれた。さらに「仕事のアドバイスに乗る」とも言ってくれて、タニさんはすっかり心を許してしまった。話し合いを重ねていくうち、いつの間にか「君にはもっと別の仕事が合っていそう」「こちらでよさそうな転職先を見つけることもできるよ、協力しようか」という話にまで発展していた。「これ以上上司に無能呼ばわりされるのもきついしなあ」「転職先を見つけてくれるなら、いい話かもしれないな」と感じたタニさん。気づけば首を縦に振っていて、人事担当者から「いい条件で辞められるようにこちらから伝えておくよ」と、合意退職する流れができていたのだった。

この人事担当者こそが**プロの辞めさせ屋**。タニさんと会社両方にとってちょうどいい着地点を提案したとも取れるが、その後まったくのノーケアで、退職届さえ出してもらえば後のことはどこ吹く風という態度の悪質なケースもある。

退職を勧める行為を「退職勧奨」という。ときには退職金の上乗せなど好条件を示しつつ、退職を迫ってくることもある。**勧奨とは「勧《すす》める」の意であるから、こちらが応じなければ退職させられることはない。**辞めさせ屋にうまく丸め込まれそうになっても、会社を離れたくないなら、あるいは離れる条件に納得できないのであれば、ノーの姿勢を崩さないようにしよう。

過剰な退職勧奨は退職強要となりこれは不法行為。パワハラや強要罪に該当することもあり、慰謝料請求の対象にもなり得る。いずれにしろ話し合いの記録は残しておきたい。事前に察知できたのであれば録音の準備をしておきたいし、唐突な声かけがあったら「立て込んでいるのでまた日を改めて」と提案し、準備をしておくのがいいだろう。あるいは内容をまとめて提示してもらうのも有効だ。**とにかく退職勧奨されても、すぐには返事をせず、できれば率直に「それは退職勧奨ですか」と尋ねてみるのがいいだろう。**向こうも「脈がない」とわかれば、しつこく退職を勧めてはこないはずだ。

悪知恵の極み、偽装倒産

解雇や退職とは違うが、会社が倒産して職を失うこともある。倒産にもいろいろな理由があるが、**完全な会社の都合で行なわれる悪質な倒産が「偽装倒産」**だ。

サワイさん（仮名）は残業代を支払わないブラックな企業で働いていた。激務で体調は悪くなっていく一方、会社への怒りも頂点に達したので、具体的な行動に出ることにした。会社内で組合をつくり、未払い残業代請求の運動を起こしたのだ。

代表者のサワイさんと社長の間で何回か協議が行なわれたが、支払い額などの条件についていろいろと難航していた。そんなあるとき、社長から次のような言葉が飛び出したのだ。

「今月末をもって我が社は倒産します」

サワイさんは耳を疑った。資金がショートしたという社長の弁だが、社長はいつも外車を走らせ、つい昨日も夜の街へ出ていた様子だった。どう考えてもおかしい。社員たちは慌てふためくばかり。倒産の先に待つのは無職。次の就職先を見つけないといけない。組合活動や未払い賃金どころではなくなってしまった。

その月末、本当に会社は倒産。もはや会社に資金はない。というか会社が存在しなくなってしまった。**未払い賃金の回収は不可能となったのだ。**

サワイさんは知り合いのつてでなんとか転職先を見つけた。未払い賃金のことはすっぱり諦め、新しい仕事を覚えることに没頭して数カ月が経った。ある日、偶然以前の会社の近くに来たので、現在はどうなっているのかと向かってみた。建物には新しい会社の名前が刻まれていた。ところがそこから出てきた人物に驚愕した。なんと、突然の倒産を告げた前職の社長だったのだ。

これはまさに倒産したフリ、偽装倒産だ。前社長は、残業未払い分を請求するサワイさんら組合員が目障りになった。もし請求をすべてのんでしまうと、数千万円の支払いが生じてしまう。それを支払うくらいなら、いっそ倒産しよう。専門家の知恵を借りながら、計画的な倒産を遂行させたのである。

従業員の人生を軽視した非常に悪質な悪知恵である。この場合、従業員に不利益な行為を行なっているため、詐欺罪に該当すると考えられる。再び結束して裁判を起こすことも可能だが、時間が経ってしまっていると証拠を集めにくく、かつての仲間たちも自分の生活でいっぱいいっぱいのため難しいかもしれない。労働組合結成時にもっと積極的に厳しく動くべきだった。協議しても平行線をたどるのであれば、穏便に進めるのではなく、速やかに労働基準監督署に報告して公的機関の力を借りるべきだったのだ。もしくは**労働問題に強い合同労働組合（ユニオン）に相談することで、より強固かつ迅速に対処できただろう。**

1-7

労働トラブル、いざというときの駆け込み先

自力での解決が難しかったら、ほかの人たちの知恵を借りてみましょう。

一人で悩む必要なんてありません。頑張るあなたを助ける仕組みは、いっぱいあります。

フル活用しよう！
アナタを守る心強い味方！

頑張って働くアナタの味方はたくさんいます！
労働組合
労働改善
ブラック企業にNO
弁護士
労基署
ほかにも動画やSNSによる告発※
友人、知人家族に相談するなんてことも！

※ただし、個人による告発は名誉毀《き》損《そん》のリスクがあります。

インターネット

調べる前にデメリットの把握を！

会社を辞めたい。憎い上司がいる。給料が上がらない。とにかく助けてほしい。苦しんでいるとき、誰かの意見や慰めがほしいとき、手軽にアプローチできるインターネットに頼りがちだ。しかしインターネットというのは誰がどういう視点で情報を発信しているかわかったものではない。**情報が真実か嘘かもわからないのだ。**

あなたが仕事を辞めようと思ったとしよう。民法上、2週間前に退職の意思を通達すれば辞めることができるとされているが、さすがに2週間前は気が引ける。そこで「常識的にはどのくらいがいいのだろう」とインターネットで検索をかける。するとSNSだったり、インターネット掲示板で同じような相談をしているケースや、実際の体験談が掲載されているのを見つけるだろう。そしてさまざまな意見を目にすることになる。「2週間前でいい」「会社の就業規則に従わないと」「2カ月前じゃないと非常識」などなど……。

これらを誰が書き込んでいるのかわからないのが、インターネットの怖いところだ。労働関係に強い専門家がアドバイスしてくれているのならいいが、**まったくの初心者が悪戯で嘘を書き込む可能性もあるし、経営者側に都合のいいことばかり書く人だっているだろう。**ひょっとしたら、あなたの会社の社長が会社にとって有利になる意見を書き込んでいる可能性だって、否定はできないのだ！

おまけにインターネットに転がっている情報は、**時代の流れとともに古くなることもある。**法令は時代に合わせて見直されていくもの。**あなたがうっかり古い情報を信じてしまい、その結果不利益を被ることだってあり得る。**

インターネットはどちらかというと、動くためのきっかけを得るというよりは、**ブレーキを踏むための材料探しになりがちだ。**買い物にたとえれば、買うべきか買わざるべきか迷ったとき、買う理由よりも買わない理由を探しがち、ネガティブな意見を参考にしがちになる。逆に本当に欲しいと思ったものであれば、レビューや売れ行きなどあまり参考にせず迷わず買うはず。**労働関係も同じで、やる理由よりはやらない理由を探しがち。**自分と逆の意見ばかりに目が行ってしまい、自分の考えが間違っているのではないかと結論づけたくなってしまうものだ。

労働問題の解決方法はケースバイケースな面が非常に強い。業種業態によってもさまざまだ。だからインターネットに書かれていることはあくまで参考程度にとどめ、きちんと然るべき機関に相談することを強く推奨する。

行政機関

それぞれが扱える内容は限定されている

労働者の悩みに寄り添う公的な相談窓口はたくさん存在する。しかも公的なものだから、基本は無料で相談できる。

「残業代を出してくれない」

「仕事中にケガをしたのに会社が労災認定してくれない」

「最低賃金未満で働かされている」

といった**労働基準法に違反するような働き方を強いられているなら、労働基準監督署へ向かおう。**ただし、**労働基準監督署は労働基準法違反を取り締まる機関**なので、それ以外の範囲のことはカバーできないことを覚えておこう。118ページのコラムでもくわしく解説する。

「会社が雇用保険に加入させてくれない」

「ハローワークには正社員契約とあったのに有期雇用契約を結ばされた」

といった悩みに対しては**公共職業安定所、つまりハローワーク**へ行こう。

ハローワークというと「仕事を求めに行くところ」「失業給付を受けるところ」と思われがちだが、**雇用保険に関すること全般を担当している重要拠点だ。**

ハローワークで対処してくれる一例として、会社が雇用保険に入らない状態で働かせていた場合、2年間を上限にさかのぼって加入することができる。また悪質極まりない例として、「雇用保険に加入している」といって給料から天引きしていながら、雇用保険料分を社長の懐へ入れていたとんでもない会社も過去に実在した。従業員は雇用保険に入っていないわけだから、辞めたときに失業給付を受けることができない。しかしこれもハローワークに相談すれば問題なし。雇用保険料分を会社に天引きされていたことを証拠として提示できれば、さかのぼって加入することができる。

ほかに公的なものとして、**厚労省の総合労働相談コーナー**があるほか、都道府県などでも通常は相談窓口を設置している。労働に関するトラブルや仕事の悩みをまずここに打ち明けるのもいいだろう。**最近増加傾向にあるハラスメントについては、厚生労働省委託事業としてハラスメント悩み相談室も設けられている。**

公的な相談窓口は行政機関のため、広報活動を積極的には実施しておらず、民間の機関に比べると地味な存在だ。「本当に親身にやってもらえるのだろうか」と思うかもしれないが、無料だし、こちらにデメリットはないのだからまずは相談してみよう。これら公的機関の維持のために税金や社会保険を払っているわけだし、悩んでいる人を救ってもらうために国民みんなで負担し支えあっているのだ。**困っているときは使い倒すくらいの気持ちでいよう。**

個人加盟の労働組合（合同労働組合・地域ユニオン）

仲間と一緒に会社と交渉！

社内に労働組合があれば、一致団結して社長に直談判、職場環境や待遇の改善を要求することができる。そして社長はその要求に従い、交渉の場を設ける義務がある。これが**労働組合の有している団体交渉権**だ。しかし社内に労働組合がない場合、団体交渉権は行使できない。一人の力では、社長に拒否されたら交渉の場にすら上がれないのだ。

そんなときは**個人でも加入できる労働組合（合同労働組合・地域ユニオン）**に話を持っていこう。個人でも加入できる労働組合であり、加入することで会社と交渉する権利を得られる。しかも労働問題に強い専従役員などの担当者が在籍していることが多いので非常に心強い。

「労働基準監督署では取り合ってくれなかった」「弁護士は費用が高くて厳しかった」そんな風にたらい回しにされた挙げ句、最後の手段として足を運ぶ人がいるが、**合同労働組合は労働問題に悩んだら最初に訪れたい場所だ。**親身に話を聞き、どこに相談するのが最適か、どういった解決方法があるかを的確に教えてくれる。

合同労働組合に加入するかどうかはその次の段階の話になる。「労働組合の持つ権利を使って戦いたい」「みんなで問題を解決したい」「自分だけでなく周りの人の悩みも解決してブラック企業を根絶したい」という人が加入し活動する組織だ。

ただ単に自分の問題だけを解決するのであれば行政機関や弁護士への相談がいいだろう。しかしそれではブラック企業の根絶はできず、今後も職場ガチャを引き続けることになる。社会の現状に異を唱えたければ加入してみよう。

ただし注意したいのは組合の選び方だ。労働組合というと「過激」「怪しい」「怖い」という印象を持つ人がいる。確かにごく一部の組合はそういった雰囲気も持っていたりする。

よって、選び方は慎重に。どんな活動をしているか事前にリサーチしよう。サイトやSNSでの活動を覗いてみて、きちんと労働環境改善のための取り組みをしているところに相談に行こう。また**合同労働組合にも得意不得意がある。**運送業に強いところ、介護や医療関係に強いところ、もしくは通訳が在籍していて外国人労働者の労働を支えているところなど。そういった特色も事前に見ておくといい。

対抗手段を広く提案でき、できることも多いのが合同労働組合だ。行政機関は担当する範囲が制限されているし、弁護士は違法と認められるものにしか対応できない。その上費用もそれなりにかかってしまう。パワハラの激しい会社、明らかな違法行為をしているのに平然としている会社、そんな悪知恵に悪知恵を重ねるような会社には、直接的な行動が認められている合同労働組合の力はとても頼りになる。

弁護士

労働問題に強い弁護士を探そう

弁護士の力を借りて、法の下でブラック企業に対抗するのも手段の一つ。会社が明らかな違法行為・不法行為を行なっていて、なおかつその証拠を取れているのであればかなり勝ち目はあるといっていいだろう。

気をつけたいのは弁護士の選び方。弁護士にも、労働問題を得意としている弁護士もいればそうでない弁護士もいる。

インターネットで「労働問題　弁護士　相談」と検索すると、検索結果上位にいくつか法律事務所が出てくるだろう。**しかし検索上位に来るからといって必ずしも労働問題に強いとは限らない。**広告料を払ったり、単にインターネット検索で上位に表示させるノウハウに長《た》けているだけの事務所かもしれないからだ。

弁護士相談は初回の短時間の面談は無料だとしても、いざ契約を結び、訴訟を進めていくとなったら**着手金**を払うことになる。中には着手金無料を謳う弁護士事務所もいくつかあるが、こういったところも少々危険だ。無料だとたくさんの人が相談に押し寄せるはず。その中から成功報酬を効率よく得やすい案件、つまり対処が簡単で稼ぎやすい案件だけを選んでいる可能性があるのだ。

それでは、労働問題に強い弁護士をどうやって見つければいいのか。

一番間違いがないのは**日本労働弁護団に所属している弁護士**に相談することだ。

日本労働弁護団はまさしく労働者側に立って尽力している労働問題のスペシャリスト集団。地域ごとに相談窓口も存在する。日本労働弁護団の公式サイトに掲載されているホットラインに電話をかけるか、紹介されている支部にコンタクトを取ることで、労働問題に強い弁護士に相談できる。

弁護士費用についてくわしく書いておく。まず**着手金**とは、裁判の結果にかかわらず発生する費用。仮に裁判に負けてしまったとしても返金はされない。着手金の相場としては、相談者の給料1カ月分くらいが相場。**成功報酬**としては、得られた利益の10%台くらいが一般的だ。ただし着手金を低く設定している事務所だと、成功報酬を30%以上に設定していることもある。費用面は最初の面接段階でくわしく尋ねておくようにしよう。

実力のある弁護士さんは基本、毎日忙しい。何もしていなくても相談者がやって来るから、集客をする暇などないのだ。やたらと集客に力を入れている、バリバリ広告費をかけて展開しているところというのは、もしかしたら弁護士としての能力が低いためにそうせざるを得ないのかもしれない。労働紛争の勝敗を分ける存在なのだから、弁護士選びは細心の注意を払おう。

COLUMN

「労基署では取り合ってくれない」は本当か

労働基準監督署、通称、労基署。労働基準法に違反していないかどうか取り締まり、違反していたら会社に罰を与える役目を担う機関だ。

「労働基準法違反容疑で会社社長らを逮捕」

というニュースの見出しが世間を賑わすことが年に数回ほどある。未払い賃金など弁済すべき額が膨大、是正勧告をしたにもかかわらず非協力的、さらに捜査の妨害といった悪質な行為などが認められると、逮捕へと至ることもあるのだ。

「労基署に相談に行ったが、まったく相手にしてくれず門前払いだった」という話を見聞きすることもあるが、本当だろうか。まずは労働基準監督署へ相談に行った際の大まかな流れを見てみよう。

労働基準監督署に行くとまず窓口の職員、または相談員が話を聞き、来訪者の相談内容が労働基準法に抵触している事案かどうかを判断する。もし労働基準法に違反している可能性があると認められれば、相談者を次の手続きへと進ませる。その後にようやく労働基準監督官が事案をチェックし、会社への是正勧告などの措置を決める。

労働基準監督署は労働基準法をはじめとした対応する法律の範囲内のことを監督する機関。範囲外のことには対応してくれない。「相手にしてくれない」「取り合ってくれない」のではなく、対応できるものとそうでないものが、きっぱりと分かれているのだ（たとえば範囲内の、労働安全衛生法などの労災はカバーしてくれる）。

●**「納得できない理由で辞めさせられた」**

たとえばこの手の相談は取り合ってくれない。不当解雇は労働基準監督署の管轄ではないからだ。都道府県などの相談窓口や、個人加盟の労働組合などほかの機関に相談するのが適切である。

●**「労働条件について、経営者と意見が対立している」**

この手の悩みも労働基準監督署の手には負えない。労使間の主張の食い違いは労働基準法ではなく民法・労働契約法の範囲になるので、協力を仰ぐなら弁護士などが適切だ。

●**「10日前に解雇通告されたのに、解雇予告手当が支払われていない」**

この相談なら労働基準監督署が対応してくれる。解雇は本来30日以上前に予告されるもの。10日前に解雇通告をしたら、平均賃金20日分が解雇予告手当として支払われなければならない。もし支払われていないのであれば労働基準法違反であり、労働基準監督署は動いてくれる。

●**「賃金の不払いがある」**

基本給にしろ残業代にしろ、賃金の未払いがあり、証拠があれば、労働基準監督署で対応してくれる。

●**「36協定を結んでいないのに残業をさせられている」**（62ページ参照）

これも労働基準監督署案件だ。残業をするには会社と従業員との間で36協定を締結し、労働基準監督署へ届を会社が出していないといけない。

●**「最低賃金未満で働かされている」**

これはあからさまな最低賃金法違反。まず間違いなく対応してくれる。

●**「8時間労働をしているのに休憩が一切ない」**

休憩時間は、6時間から8時間の労働なら45分、8時間を超えるなら1時間、必ず労働と労働の間に入れる。そのように労働基準法に記されているので、守られていないなら動いてくれる。

●**「去年の年収は200万円以上。なのに会社が社会保険に加入させてくれない」**

この相談は一部のみ対応ができる。すなわち、労災保険については面倒を見られるが、ほかは社会保険ごとで相談する必要がある。雇用保険ならハローワーク、健康保険なら全国健康保険協会、厚生年金保険なら年金事務所だ。個人加盟の労働組合ならまとめて交渉できる。

●**「上司から執拗にハラスメントを受けている」**

ハラスメント関連は労働基準監督署では対応できない。厚生労働省のハラスメント悩み相談室や弁護士、個人加盟の労働組合に相談しよう。

労働基準監督署は愚痴を言いに行く場所ではない。どんなトラブルがあって、何のために来たのかをしっかりと伝えよう。

第2部

悪知恵以前の基本知識
「知らなかった」と
損しないために

2-1

まずは税金を知らないとやっぱりマズい

第1部で会社の悪知恵を解説してきましたが、悪知恵に対抗するには、働くうえでの基本中の基本を知っておくことも重要。

ここからは税金について説明していきます。

もしかして……
知らないの私だけ!?

給料から天引きされる二つの税
所得税と住民税

消費税や固定資産税など、税金にはいろいろなものがあるけれど、働いて収入を得ている人にかかる二つの税のことは、絶対におさえておかないといけない。それが**所得税**と**住民税**だ。二つに共通しているのは、1月から12月までの1年間の収入額に応じて、払う税金の額が違ってくること。**稼げば稼ぐほど、持っていかれる税額も増えていく。**会社員の場合、月々の給与から天引きされている（源泉徴収という）。

税金は医療、公共施設、治安維持や環境改善など、みんなの暮らしの安全や未来のために使われている。社会という集まりの中で暮らす以上、この〝会費〟は絶対必要。そう思って税金は粛々と納めよう。

しかし、本音で言えばなるべく納める税金の額は抑えたいもの。そこでまずは二つの税の計算方法をざっくりと確認しておこう。

住民税はわかりやすい。一律で10％ほどとなっている。ただし収入全体の10％ではなく、収入からいろいろ差し引かれたあとの課税所得の10％という計算だ。

住民税について気をつけておきたいのは、収める額は前年の収入に比例するという点。たとえば前年の年収が500万円で、年明けすぐに会社を辞めて無職になると、住民税の支払い請求書は自宅に届く。しかも前年の収入から計算されるので、けっこうな金額になるぞ。これまでは会社経由で納めていたものを自分で支払い手続きをすると余計につらく、重く感じる。仕事を辞めた際には気をつけよう。

一方の所得税の税率は一律ではなく、収入が多いほど高くなる（累進課税）。所得が300万円であれば10％だが、4千万円を超えると45％とほぼ半分が持っていかれる。高収入の人ほど節税対策に躍起《やっき》になるのもうなずける。

前年の所得で決まる住民税と違い、会社員の所得税は月給から一定の割合で、先払い式に引かれることになる。もし多めに支払いすぎていたり、逆に足りていなかったら年末に精算する。これを年末調整という。


住民税と所得税について最低限知っておきたいことは以上だ。最後に忠告しておきたいのは、**「手持ちがない」からと支払いを先送りする危うさ。**会社員なら天引きされるので問題ないが、自営業者や転職期間中など、納税を放っておくと大変なことになる。なぜなら**延滞金**があるからだ。「未納ですよ、払ってください」といった文面の督促状に気づかず、支払いの義務を把握していなかったとしても関係ない。日に日に延滞金は加算されていくことが法律で決まっている。よほどの理由がない限り、これを逃れることはできない。人生のどこかで会社員でない期間が生まれたら、二つの税のことは必ず気にかけておこう。

「控除」で税負担をとことん軽量化！

では実際に、収入に応じてどんなふうに税金が決まるのか、所得税を例にして計算方法の基礎を把握しておこう。

収入そのものに税金がかかるわけではない。**収入からいくつかの「値引き」が行なわれ、所得が決まり、その所得から税金が計算される。この値引きにあたるものが「控除」だ。**すべての人に適用される控除を基礎控除という。合計所得金額が2400万円以下の場合、48万円となっている。

加えてもう一つ、給与所得のある人全員に適用されるのが給与所得控除だ。計算式は収入に応じるが、ここでは細かい話は置いておこう。具体例として、収入が300万円だった場合には、2022年時点での給与所得控除は98万円となっている。400万円なら124万円、600万円なら164万円、800万円なら190万円、そして収入が850万円を超えると上限の195万円に達する。

会社員は必ず年収からこの二つの控除が適用される。その残りが課税所得といわれ、課税対象となるのだが……実は控除というのはもっとたくさんある。

たとえば、1年間で払ってきた**社会保険料も控除の対象**となり、フルタイムで働く会社員であれば、必ず適用されることになる。**生命保険も支払った一部が控除に**なるし、家族がいれば**配偶者控除**や**扶養控除**を受けられる場合もある。住宅をローンで購入していれば**住宅ローン控除**もあるぞ。

とにかく個人ごとの状況に応じて控除がガンガンとトッピングされ、最終的な課税所得は小さくなり、そこから計算される所得税も小さくなる、という仕組みになっている。保険をたくさん払ってリスクを抑えていたり、家族が多くて生活費の負担が大きい人ほど、税金の負担が低くなっているというのが基本ルールだ。

つまり所得税を抑えたければ、生命保険に加入したり、扶養家族を増やすことが有効な手立てといえる。とはいえその分、別の面で確実に支出は増えることになるのでバランスは意識したい。

住民税にも独自の計算方法がある。住民税では基礎控除が43万円になる。他の控除対象も所得税とほぼ一緒だが、控除額自体は住民税のほうが低い傾向だ。確定申告をすると、それをもとに住民税が計算されて、納税額の通知書が送られてくる。給与所得者は、給与から源泉徴収される。

とにかくここで知っておきたいのは、**収入だけを見るのではなく、自分がどういった控除の対象となるのかを知っておくことで、自分が取るべき節税対策が見えてくる**ということだ。

多めに払った税金を取り戻せ！
源泉徴収＆年末調整

会社員として働いていると目や耳にするのが**源泉徴収**と**年末調整**。源泉徴収はお金を取られるネガティブなイメージ。対する年末調整は「ちょっとお金がもらえるかもしれない、年末のワクワクイベント」ととらえ、担当者から指示されたことをせっせとこなしている人もいるかもしれない。**「言われるがままやってたけど、源泉徴収とか年末調整って何？」**という方のため、ここで少し理解を深めておこう。

ざっくりと説明すると、**源泉徴収とはつまり税金の仮払いと考えるとわかりやすい。**これまでにも説明した通り、自分が負担する税金を所属する会社が先に払っておいてくれる形式だ。

「でも本当に正しい税額が支払われているのだろうか。なんだか心配だ」という人も安心。**過不足分をチューニングするためのイベントが存在する。それが年末調整だ。**

年末になると、年末調整書類の記入依頼が総務部などから来ると思う。1年間に支払った生命保険、住宅ローンなど、控除の対象になるものの金額を記入する。会社によっては必要な書類を渡せば、担当の人が全部やってくれるかもしれない。「この1年でこれだけいろいろと負担しました、だから税金をおまけしてね」その「お願い」を、証明書を添付して提出することで控除額が調整される。ここで最終的な税金負担額が決められる、という流れだ。この額と比べて、源泉徴収された総額が多ければ、取られすぎていた分が戻ってくる。**これが還付金である。**

年末から年初め頃に戻ってくるので、おもち代、お年玉と思う人もいるかもしれないが、単純に過払金が戻ってきただけのこと。**元々は自分のお金である。**パーッと使ってしまうよりは、大事に貯金に回すほうがいいだろう。

逆に、年末調整で追加徴収というパターンもある。会社の業績がすこぶるよく、ボーナスが想定以上に多かった場合は、こうなることもあるかもしれない。もしくは子どもが独立し扶養対象から外れたとか。このような大きなイベントが会社やプライベートで起きない限り、追加徴収は滅多《めった》に発生しない。レアなケースとして、生命保険を解約したことで生命保険控除が適用されなくなった分、ちょっとだけ追加徴収することに、なんてこともあるかも。そういったケースは、追加徴収の額もさほど高額にはならないので安心していい。

税金の徴収から逃れることはできないが、年末調整で余計に負担した分の払い戻しはしっかりと受けるようにしよう。

1年の途中で会社を辞めるなどした場合、職場での年末調整ができないので翌年に自分で確定申告を行なうことになる。これについては次のページで解説する。

究極奥義・確定申告で還付金ゲット！

確定申告というと「自営業者やフリーランスのもの」というイメージがあるかもしれない。しかし、会社を辞めて年末調整をしなかった場合など、会社員にも必要なときがある。

「年末調整も確定申告もしなければ、税金から逃れられるんじゃないか」

なんて思わないように。国はきっちり回収にやって来ますよ。

たとえば会社員やアルバイトとして働いていて、11月末に辞めたとしよう。それまでの給与収入が300万円だったとする。年末調整を会社にやってもらえないため、各種控除は受けられず、翌年の住民税はこの300万円から計算される。

さらに、月々の給料から源泉徴収されていた税金が過払いとなっていて、還付金の対象だったとしても戻ってこない。還付金の手続きも確定申告で済ますのだから。

というわけで、**年末調整をしなかったなら、翌年の2月頃に受付が開始される確定申告を行なおう。**初めてのことだらけでやり方がわからない場合は、税務署の窓口に相談に行くといいだろう。

一方、年末調整をしていても確定申告をすることがある。それは年末調整では対応してくれない控除を受けたいときだ。

代表的なのは**医療費控除**。1年間にかかった医療費の負担が10万円を超えた場合、医療費控除の対象となるので確定申告しよう。扶養家族も対象となるので、たとえばパートナーが自分の扶養に入っていて、ふたりで年間10万円の医療費を負担していれば医療費控除の対象となる。控除額は収入額などに応じて違いが出る。

ほかに**雑損控除**《ざっそん》も確定申告で行なう。災害や盗難などで資産に損害を受けたときに適用されるもので、願わくは発生してほしくない控除の一つだ。

寄附金控除というものもある。この枠組の中で人気を集めているのが「**ふるさと納税**」。かつてはふるさと納税をしたら確定申告の必要があったが、「ワンストップ特例制度」を利用すればその必要はなくなる。

また住宅ローンを組んで家を買った場合、最初の年度だけは確定申告をして「**住宅ローン控除**」の適用を受けることを伝える必要がある。以降は会社の年末調整で手続きすれば、住宅ローン控除は適用されるぞ。

年末調整後の確定申告では年間の収入や所得を記入することになるので、源泉徴収票は絶対に必要になる。会社からもらったら大事に保管しよう。

2-2

社会保険でソンしないための豆知恵

健康保険、年金保険、労働保険、介護保険……。

これら全部を合わせて「社会保険」といいます。細かくすると、実はもっとややこしいです。

給料から引かれる各種社会保険料が、いざというときどんなふうに役に立って、払わないとどんな目に遭うのか、手短にお話しします。

自分に合った国は？
どこに住むべきか！

某国1　低負担低福祉
・税金安いよ！
・保険料とかも取らないよ
・でも全部自己責任だよ
・救急車は呼ぶだけで15万円!?
・治安は悪いほうだね…
TAX

某国2　高負担高福祉
・税金は高い！
・でも国がアナタを手厚くサポート！
・育児休暇充実・大学まで学費無料！
・老人ホームは低コストでサービス充実！

日本　中負担中福祉
・税金…まぁまぁもらいます
・社会保険…結構手厚いですよ？
・医療負担は少なくてありがたし
・突然の事故やケガに備えた保険が充実
・今後高齢化が進み、不透明なところも…
高くもなく低くもなく！
どこで生きるのが幸せ？　アナタはどうする？

健康保険

みんなでみんなの命を守る!

会社員は会社の健康保険に入り、それ以外の74歳以下の人（自営業あるいは無職）は国民健康保険に入る。ほかに75歳以上が加入する後期高齢者医療制度など、すべてをまとめて「（公的）医療保険」と呼ぶのだが、民間の会社の医療保険とごっちゃになるので、ここでは「健康保険」の名前で一本化しておこう。日本は国民皆保険。必ずどれかの健康保険に入ることになる。

健康保険は世界に誇るすばらしい保険といっていい。保険適用の治療や薬の処方なら3割負担。高齢者なら現役並み所得者（3割負担）を除き1割〜2割負担。当然、健康保険料を支払っていなければ全額負担になってしまう。

国民健康保険よりも、会社の健康保険のほうが保障は手厚い。たとえばケガや病気で仕事ができなくなったとき、傷病手当金の給付を最大で1年6カ月間受けることができる。会社の健康保険は支払い負担が会社との折半なので、お得度が大きい。

そして極めつけは、**会社の健康保険と国民健康保険のどちらに加入していても恩恵を受けられる高額療養費制度。**医療費の自己負担額に上限が設けられるのだ。「年収360万円。1カ月で3割負担30万円の治療を受けたところ、自己負担は5万7600円」。これが制度適用の一例。25万円近く治療代が還付されたことになる。

収入や年齢に応じて変わってくるが、だいたいの人は入院時の食費込みでひと月

10万円以内の自己負担で治療が受けられることになる。

ポイントは「この制度は月単位で適用される」という点である。たとえば、自己負担額の上限8万5千円の人が月をまたぐ入院をして、入院ひと月目に10万円、ふた月目に10万円、合計20万円の入院治療代がかかったとする。すると自己負担分はひと月目、ふた月目それぞれ8万5千円、合計17万円になる。これがもしひと月以内で退院することができたなら、合計20万円の入院治療代に対して、自己負担は8万5千円で済むことになる。なので、**唐突ではない計画的な治療が可能ならば、月初めに入院して、月末までに退院するのが経済的だ。**高額療養費制度の自己負担額は、連続適用4カ月目からさらに上限が軽減されるという特典もある。

私たちが毎月せっせと支払っている健康保険料は、誰かの病気やケガの治療の負担の一部となっている。**健康保険はみんなでみんなの命を守り、リスクを極限まで押し下げてくれる社会保険なのだ。**

介護保険の話もしておこう。**もしもの時に低負担で介護を受けられるよう、40歳からは健康保険に上乗せされる形で保険料を負担する。**健康保険の延長上にあるともいえよう。65歳以上の高齢者だけでなく、若年性アルツハイマーで要介護認定となった場合も介護保険の保障対象となることがある。

年金保険

なんだかんだ、コスパ最強保険？

ことあるごとに問題として取り上げられる年金保険。払っていて本当に意味があるのだろうか。漠然とした不安を抱えている人も多いかもしれない。

まずは、年金保険の基本をざっくりと解説する。日本国内に住んでいる20歳から60歳未満の人は全員、**国民年金**（基礎年金ともいう）に加入することになっている。これに加えて、会社員は**厚生年金保険**にも加入する。**よく「会社員の年金は2階建て」といわれるが、国民年金と厚生年金保険の2層になっているためだ。**２階建ての会社員のほうが、国民年金保険にしか入っていない人よりも将来受け取れる年金額は多くなる。ちなみに、厚生年金保険は保険料の半額が会社側負担となっている。

国民年金についていえば、２０２２年時点で保険料は月１万６５９０円。もしこの額のまま20歳から60歳まで支払えば合計で７９６万３２００円。受け取れる基礎老齢年金は65歳から年78万７８００円。よってそこから10年、75歳を迎える日まで生きることができれば元は取れる。終身保険なので長生きしただけもらい得だ。

ただこれはあくまで、40年間律儀に全額払い続けられたら、という前提がある。払った期間が短くなるほど、受け取れる額も減るのが年金の仕組みだ。

「老後の収入源のために支払っている」という感覚の人もいるかもしれないが、この老齢年金は年金保険の特典の一つにすぎない。ほかにもメリットがある。

その一つが**障害年金**。病気やケガで仕事をすることができず、生活がままならない状態になってしまった場合、現役世代でも受け取ることができる年金だ。国民年金だけに加入しているなら障害基礎年金、厚生年金にも加入しているなら障害基礎年金と障害厚生年金の両方がもらえて、老齢年金と同様に厚生年金に入れる会社員のほうが保障は手厚い。

支出と見返りのバランスでいえば、年金保険ほどコスパに優れた保険はないといえるだろう。年金は年々内容が改悪されているといわれるが、それでもほかの民間保険にはないメリットが詰まっている。

「年金制度そのものが廃止になる可能性もあるのでは」と心配する声もよく聞く。**もし年金制度が崩壊したら、集めたお金の運用が失敗に終わったことを意味している。**それは世界中のお金の取引市場そのものが大混乱に陥《おちい》っているともいえ、同じ市場で戦っている日本国内のあらゆる保険商品や金融商品も共倒れしていると考えて間違いない。だから「年金保険は信用ならない。ほかの民間保険加入や投資を優先する」という選択肢は、理屈がおかしい。ちなみに集められた年金保険料はＧＰＩＦと呼ばれる国の機関によって運用されているが、その総資産は２０２２年度第２四半期時点で約１９３兆円と報告されている。心配するには早いかも？

払えるアテがなくても、年金免除申請だけはしておく！

フリーターのスズキさん（仮名）は、万年金欠のため年金保険料を支払っていなかった。そんな彼に突然不幸が襲いかかる。転落事故を起こしてしまい、働くことができないどころか、日常生活に支障が出る状態になってしまったのだ。健康保険料は払っていたため治療費は3割負担だが、それ以上の国からのサポートは何もない。前述の通り年金保険料が未納だったため、障害年金を受け取れないのだ。

「年金って、老後に返してもらうために払うものだと思ってた。まさかこんな事故にも役に立つものだったなんて……」と後悔しても後の祭り。とはいえ、もし障害年金を知っていたとしても、金欠のスズキさんが年金保険料を支払い続けることは難しかった。

しかし、国の年金制度には救済ルールがある。収入等の事情によって年金保険料が納められない場合、「**免除申請**」をすることで年金を受け取る条件を満たすことができるのだ。免除割合は全額のこともあれば、半分あるいは4分の1など、その人の状況によって判断される。

もちろん免除審査を通るにも一定の条件はある。スズキさんのような目に遭わないよう、払えていない人もまずは年金事務所に事情を話して、免除の手続きをしておこう。全額免除となって「やった！　お金を払わなくても恩恵が受けられる！」

と喜ぶのはいいが、実はデメリットもある。将来受け取れる老齢基礎年金額が減るのだ。

そこで覚えておきたいのが免除分の後払い。免除申請が通っていれば、未納分を10年までさかのぼって「追納」できる。きちんと免除分を納めきれば、将来の年金も十分に受け取れるぞ。また、免除申請をしていなくても、2年前までなら未納分をさかのぼって納めることが可能。**年金保険の時効は2年と覚えておこう。**

学生の場合は**「学生納付特例制度」**を利用すれば、納付が10年間、猶予される（免除ではない）。この制度は20代の学生に限った話ではない。会社を辞めて、大学や大学院に通い始めた人にも適用される。学業で忙しく収入が不安定ならば、この制度を利用しよう。

さて、障害年金の話に戻るが、年金給付を受けられる最低限度の条件がある。「初診日のある月の前々月までの、公的年金の加入期間の3分の2以上の期間について、保険料が納付または免除されていること」

冒頭のスズキさんが20代半ばの若者で、事故後速やかに未納分や学生納付特例制度適用分の追納ができていれば……。3分の2以上の期間、年金保険料を納めたことになり、障害年金を受け取る条件を満たせたかもしれない。

労働保険

頑張る労働者の味方！

雇用保険と労災保険、二つ合わせて労働保険。

雇用保険料を払っていれば、失業中に失業給付を受けられる。ほかにも就職のための訓練の支援や、育児給付や介護給付といった恩恵も受けられる。

一方の労災保険の労災とは労働災害、すなわち労働中や通勤時に病気やケガをしたときに給付が行なわれる制度のことだ。死亡した際は遺族に給付される。

失業して求職中や、労働災害に遭うなど、もしものための保険が労働保険だ。負担割合は、雇用保険料は業種によって率が異なるが、基本は会社が多めに負担する。そして労災保険料は全額が会社の負担だ。会社側からすれば、正社員を雇うイコール、給料に加えてこれら労働保険料を負担することになる。保険料負担を抑えたいケチな会社は、できるだけ社員が労働保険に加入しないで済むよう、正社員雇用を避けたり、業務委託契約を結ばせようと考える。

条件さえ満たしていれば、アルバイトやパートの人でももれなく労働保険に加入できる。言い換えれば、個人事業主やフリーランスは基本的には労働保険に入れない。**労働保険は会社に雇われて頑張る人の、頼もしい味方なので覚えておこう。**

雇用保険について特記しておきたいのが「**教育訓練給付制度**」。厚生労働省ホームページの説明を引用すれば、「働く方々の主体的な能力開発やキャリア形成を支援し、「雇用の安定と就職の促進を図る」ことを目的として、指定された教育訓練を修了すると受講費用の一部が給付される。給付額はさまざまだが、たとえば医療や社会福祉関係の資格取得訓練であれば、最大で224万円の支援を受けられる。手に職をつけたいと思ったら、教育訓練給付制度指定の資格取得も検討しよう。

また、この制度は就業中の人でも受けられる。日中は仕事をし、終業後に専門学校で勉強をし、資格を取得したら給付金をもらうことができるのだ。会社に秘密にしていても問題はない。ただし、給付を受ける際には雇用保険被保険者証が必要となる。紛失していたなら会社に再発行を依頼することになるので、このタイミングでバレる可能性はあるかもしれない。また途中で断念して修了証をもらえなければ、当然給付はされないのでご注意を。

雇用保険の失業給付についてだが、20代であれば、多くの人の給付日数は90日程度。長くても120日程度と見ていいだろう。しかも自ら退職を申し出た自己都合の退職の場合、給付開始のタイミングは離職日から待たされることが多い。しかし、会社のパワハラやオーバーワークが原因であれば、会社都合での退職と見なされることも。ケースバイケースではあるが、速やかに給付が受けられることもあるぞ。失業給付については97ページ、103ページの内容も参照してほしい。

「103万円の壁」とか「130万円の壁」とか……壁ってなんの話？

「年収が103万円を超えたら手取りが減った」「年収が130万円を超えないように仕事を調整しないと逆に損」「103万円の壁」「130万円の壁」

収入について、そんな「壁」の話題をたまに耳にする。これは要するに、**年収に応じて住民税や所得税が発生したり、社会保険に加入する必要が出てしまう**ということ。これによって、手取り額が減ってしまうのだ。そこで、**あえて一定の収入を超えないように調整して、手取りが減らないような工夫をする人もいる。**

一つ例にとってみよう。

キダさん（仮名）は専業主婦で子どもが一人。夫は会社員をしており、夫の扶養に入っている。各種社会保険料は夫の給料から天引きされていて、配偶者控除の対象だ。

子どもが小学校へ入学したことで、時間に余裕が生まれたキダさん。家計の足しにと、スーパーマーケットでのアルバイトを始めることに決めた。そのアルバイトの年収に応じて、以下のような壁が立ちはだかることとなる。

100万円くらいから　住民税の課税対象に（自治体によって金額は異なる）。

103万円超　所得税の課税対象に。

106万円超　アルバイト先の社会保険の条件によっては加入する必要が出てく

る（２０２２年10月より新設の壁）。

１３０万円超　これまで社会保険加入の必要がなかったとしても、ここで必ず加入しなければいけない。夫の扶養を外れることになる。

１５０万円超　夫の配偶者特別控除の控除額が減っていく。

２０１万円超　夫の配偶者特別控除が完全になくなる。

ここまでの税金や社会保険の話がある程度理解できていれば、ここに書かれていることの意味もなんとなくわかったことだろう。**年収が上がるとともにさまざまな控除が受けられなくなり、世帯の納税額が増えていく。**また社会保険に入ることにもなる。年収１３０万円稼ぐくらいなら、少し抑えて１２０万円くらいにしたほうが手取りは多い、という事態になってしまうのだ。

あくまでこれは２０２２年時点の話なので、今後はどうなるかはわからない。新しい壁が増えるかもしれないし、いずれかの壁が取り払われるかもしれない。国の制度転換には注目しておきたい。

そして、パートナーともども収入を増やし、社会保険に入ることで生活基盤は安定する。壁にとらわれずに働いていくことも大切といえる。

COLUMN

アルバイトでも源泉徴収されることってある？確定申告は必要？

先に結論から言えば、**アルバイトでも源泉徴収されることはある。**ケースバイケースではあるが、月収8万8千円を超えると年収103万円の壁に触れてしまうペースのため、所得税の課税対象となり、源泉徴収される可能性がある。

もし月収が8万8千円を超えて源泉徴収されるようになったら、年末調整もしくは確定申告をしないと、払い過ぎがあったとしても取り戻すことはできない。**年末調整するには「給与所得者の扶養控除等（異動）申告書」という書類を提出しないといけない。**これは徴収する側である税務署に、自分がどういった控除の対象か（あるいは対象ではないか）を、勤め先経由で伝えるためのもの。この書類なしでは年末調整ができないのだ。

手続きが面倒だからと、申告書についてあえて触れず、年末調整をしないままやり過ごすバイト先もあるかもしれないので注意しよう。給料が源泉徴収されているにもかかわらず、申告書の作成提出をバイト先から依頼されていないなら、こちらから提案してみよう。バイト先が対応してくれないのであれば、税務署のホームページからも申告書の印刷が可能。記入してバイト先へ提出だ。

また、バイト先に扶養控除等申告書を出しそびれ、年末調整ができていなかったとしても安心していい。**確定申告を行なえば還付金がもらえる。**バイト先から源泉徴収票をもらい、確定申告を行なおう。

とにかく知っておきたいのは、**税務署に控除適用の対象をきちんと伝えることで、払い過ぎた分が戻ってくるということ。**配偶者がいるのであれば配偶者控除、扶養している家族がいるのであれば扶養控除、学生であれば勤労学生控除というのもある。年末調整あるいは確定申告を通して漏れなく伝えよう。

年末調整する前にバイト先を辞めた場合はどうか。辞めてから1カ月程度でバイト先から源泉徴収票が届くはずなので、これを使って確定申告を行なうことになる。もし源泉徴収票が届かなかったらバイト先に問い合わせよう。

本業としている事業が別にあって、収入を補うためにアルバイトをしている人もいるだろう。

ササキさん（仮名）はミュージシャンをしているが、それ一本ではまだ食べてはいけないためアルバイトをしている。ある年のミュージシャンとしての報酬は50万円、アルバイトの年収は150万円だった。

ササキさんの場合、ミュージシャンの仕事で得た報酬は**事業所得**、アルバイト収入は**給与所得**に該当する。バイト先で年末調整を行なっていたとしても確定申告はする必要があり、ミュージシャンの報酬も源泉徴収されていたら、それも含めて最終調整することになる。引かれていなければ未徴収なので、**確定申告しないと脱税になってしまう。**

きちんと申告すると、さらに税金を負担することになるなら確定申告なんてしたくない、と思うかもしれないが、**事業においてさまざまな経費が発生していたのなら、その分は課税対象から外される。**なおかつ、事業所得と給与所得は**損益通算**が行なえる。もし事業所得が赤字であれば、給与所得で得た収入で補填《ほてん》することができ、これが結果的に節税につながるのだ。

ササキさんであれば、交通費や機材の購入費などが経費になる。さらに自宅で作業をしているのであれば家賃や光熱費の一部も経費とできる。仮にその経費の合計が80万円だったとしたら、事業所得は差し引き30万円の赤字。これを給与所得の150万円と通算すれば、120万円の所得となる。ここからさらに各種控除が引かれると、課税対象となる所得が0円近くになることも。こうなると税金もかなり低くなり、源泉徴収されてきたお金のほとんどが還付金として戻ってくるというわけだ。

確定申告はこのようにメリットもあるので、きちんとありのままを報告しよう。どんな書き方が正しいのか、どんなものが経費になるのかが知りたいのであれば、最寄りの税務署や青色申告会などで開かれる相談会に行ってみるといいだろう。

第3部

ボクらも使える？
お金に関する
ちょっといい
知恵＆悪知恵

3-1

だまされない！
損しない！
正しいお金の増やし方

仕事を辞めたい。でも生活費が気掛かりで辞められない……。それなら、お金の心配がなくなるように、日頃からお金を増やす三つの方法を意識してみよう。

1　収入を増やす
2　支出を減らす
3　お金自身に増えてもらう

とはいえ、目先の情報にまどわされて損しているケースが多いのも事実。ここではまず基本的な、やっていい知恵、やったら悪い知恵を整理します。

本末転倒！
誰のための安全安心？

「1割貯金」でお金を貯められる体質になる

給料が少ない。税金が高い。貯金もない。漠然と将来が不安だ。

社会に対する不満は尽きないが、何もしないでいて現状が変わることはない。夢を見てジャンボ宝くじを買ってもかまわないが、夢は夢のままで終わるのが関の山。給料が爆上がりする仕事に転職するにしても、条件が厳しかったり、命を落とすリスクが高かったり……。ならば、**与えられている状況の下で、着実にお金のスキルを育てていくしかない。**

そこでまず提案したいのが、**お金を貯めていくスキル磨き。**貯金が増える気配がない人、もっとお金を貯められるようになりたい人はここから着手しよう。

あるだけ全部散財してしまう消費癖なんてのは論外。よく貯金なんかそっちのけで投資を始めたり、新しい収入の柱を立てようと多方面にアンテナを張る人がいる。これは投資が失敗したときや、頑張りすぎて病気になったときの自分をまったく想像できていない。**まずは貯める力を育てるべし。**給料の額面がいくらであれ、工夫一つで貯金をすることは可能だ。

ここで強く推奨したいのは「1割貯金」。年収300万円、月の給料が25万円であれば、毎月2万5千円は必ず貯金するようにする。もっと言えば**「もともとなかったお金」と思って絶対に手をつけないようにすること。**普段使っている口座とは別の場所に貯めていこう。勤め先が福利厚生として**「財形貯蓄」**を採用しているなら、これを利用するのもいい。給料から天引きで金融機関にお金が預けられていく。

1割貯金で年間30万円、10年間なら年収分の300万円が貯まることになる。40年間働き続け、何事もなく貯め続けられれば、あいにく年収も300万円の横ばいだったとしても、1200万円を貯めることが可能だ。加えて社会保険もきちんと払い続けていたら、貯金がある一方で年金も受け取りながらの余生を送ることができる。その頃には貯金スキルも磨き切れているはずだから、受給年金と貯金の範囲内で生活することも難しいことではないはず。

とはいうものの、世の中そう甘くもない。途中にはさまざまな思いがけないイベントが立ちはだかって、計画通りに貯まらない時期もあるだろう。実際には目標の70％程度しか貯まらないかもしれないが、それでも年収300万円なら40年間で840万円。十分やりくりできる。

「貯金なんて金利はほぼゼロだしやるだけ無駄、メリットなし。もっと有効に使うべき」という人もいるが、お金を貯められない人が、お金を上手に使えるとは思えない。**順番が逆。貯める力を鍛えてから、お金を使う方法を身につけよう。**

使うお金を明確化する

お金を貯めていく方法についてさらに具体的に解説していこう。

第2部の復習の意味でも整理しておくと、**あなたの手元には収入全額が入ってくるわけではない。税金と社会保険が天引きされる。合わせておよそ給料の2割程度だ。**

さらに前ページで書いた通り、1割は有無を言わさず貯金推奨。ということは残りの7割ほどが使えるお金ということになる。月25万円の収入なら17万5千円だ。

ここからは使うお金の話。使うお金が収入の7割に収まるよう、支出を明確にすることが肝心だ。

使うお金の代表格が**生活の固定費。**生きていくために必要なお金、家賃や光熱費、食費や通信費などが該当する。医療費もここに入る。

そして**楽しむお金。**趣味やレジャーなど、自分が人生を楽しむためのお金だ。お小遣いと言い換えてもいいだろう。

これら生活の固定費と楽しむお金が、月25万円の人なら17万5千円以内に収まれば、万事うまくいくということ。

「家賃だけで〇万円飛ぶんだけど」

「飲み会代でほぼほぼ底を突きますが……」

といった反論が聞こえてきそうだが、**それは自分の手取りを意識しながら支出を調整できていないだけ。**家賃が高ければ住む場所を見直す。飲み会が多いなら頻度を減らす。**固定費や交際費を見直して、収入に見合った分相応の生活プランを組み立てよう。**そのためには月の支出額をつけてみるのが得策。**家計簿**だ。

レシートをとっておき、ノートなどに記入していく。最近であれば家計簿アプリをスマホに入れて管理することもできる。クレジットカードや電子マネーを使っているなら、履歴を見れば何にお金を使ったのかがわかる。

3カ月ほど家計簿をつけてみれば、自分がどこにどれだけお金を使っているか、支出パターンを把握することができる。たとえば「もっと服代を抑えられるかもしれない」と感じたのなら、そこは支出を減らすツボとなる。「限定セールに惑わされて使わない物を買い漁っている」と気づいたらこれも改善ポイント。

カードやスマホ決済がますます便利になっている分、自分が一体全体、どこにいくら使っているのかがわかりにくい時代になっている。そのまま流されると金銭感覚が狂いかねない。何にいくら使うのかは、自分でコントロールする必要があり、まずは**使うお金の明確化**をすることが大切だ。

いらない保険、乗らない車、「非合理な支出」を抑えよう

抑える支出ポイントを見つけたいなら「この支出は本当に必要なものか」という視点に立つこと。いくつか例をあげておこう。

まず細かい出費から例を出すなら**動画のサブスクリプション。**動画見放題といえば聞こえはいいが、月の視聴時間がほんの2、3時間だったら無駄遣いといっていいだろう。「ほとんど見ないのにお金を払っている」というのはなんとも非合理な支出だ。月1千円でも年間で1万2千円、5年も入りっぱなしだったら6万円。塵《ちり》も積もれば山となる、痛い出費だ。**ほとんど利用していないサブスクリプションや月額サービスは早々に解約しよう。**

こういった「非合理な支出」としてよく話に出るのが**民間保険。**親戚が保険会社に勤めていて……といった身内のしがらみで加入した、なんて人も多いだろう。あるいは会社に定期的にやって来る保険販売員に粘り強く営業され、気がついたらサインしていた人も。

保険料は決して安いものではない。月8千円でも30年払い続けたら300万円近い金額になる。しかも内容によっては必ずしも自分には必要ではない保険もある。たとえば共働きで子どもをもうけないと決めていたら、1億円の生命保険に入る必要などあるだろうか。1億円が受け取れる不幸は万に一つ以下の出来事。しかも残

されたパートナーも働いているわけだから、保険金がなくても十分に生きていける。

自動車も所有しているなら、それが本当に必要かどうか見直してほしい。駐車場を借りているなら、駐車場代だけでもかなりの出費だ。通勤に必要であれば話は別だが、たまの週末にドライブで利用する程度であれば、自家用車を手放すことも一考の価値あり。

借金の返済も非合理な支出、というよりも早く完済してすっきりしたい支出といえるだろう。たとえば学生時代に借りた**奨学金**であれば、月数万円を数十年かけて返済するのが一般的。しかし繰上返済をすれば利息を節約できたり、保証料の一部が戻ってくるケースもある。１割貯金が板につけば数年でそれなりのお金は貯まる。その一部を繰上返済に回して、１日でも早く借金から解放されるようプランを立てるのも支出を抑える方法の一つだ。

やってはいけない支出として最後に書いておきたいのがリボ払い。高額な買い物をしても月々の支払いが一定額で済むという、聞こえはいいシステムだが**これもただの借金。**しかも返済期間が長引く分、延々と利子がつき続ける。

収入の範囲内に収まるものだけを買うべし。**常に「この支出は本当に必要なものか」という問いかけは忘れないでいよう。**

無理のない節約アイデアでさらに貯まる体質に

日々の生活の中で実践できる具体的な節約術についても考えよう。我慢してまでするような無理な節約術ではなく、**なるべく楽しく心の負担なくできるものがいい。**

まずは**税金の節約。**節税の意識が大切だ。お国に払っている税金や社会保険料を少しでも減らす方法は考えたい。

会社員向けに最近よくお得な節税術として紹介されるのが**ふるさと納税。**地方自治体に寄付をすると、寄附金控除が適用され金額に応じて所得税や住民税の負担が減る。しかも返礼品として地域の名産品などがもらえるというおまけ特典付き。ワンストップ特例を申請すれば、確定申告など面倒な手続きをすることなく控除される。ただしこの場合、節税となるのは住民税だけなので気をつけよう。

具体例をあげるとこんな感じだ。

「○○県△△市に6万円の寄附をし、5万8千円分の住民税控除を受けた。返礼品として国産牛肉の切り落とし1キロをもらった」

実質2千円の出費だけで、住民税の負担が減り返礼品ももらえる。非常にお得な節税術といえる。インターネットを利用すれば通販をする感覚で簡単に手続きができるので、まだやったことのない方はぜひチャレンジしてみよう。

シェアの発想も節約だ。最近では**カーシェア**が流行《はや》ってきている。会費など諸経費はかかるものの、車を所有するコストに比べたら格段に安い。住まいをシェアすることも最近では当たり前の文化になりつつある。家賃は人生最大の固定費、これが安くなると生涯支出がかなりスリムになる。ほかにも所有する必要がないと判断できるものはシェアで済まそう。

また、これまでお店に頼んでいたことを自分でこなすようにする、という節約もある。たとえばマッサージは凝るたびにマッサージ店へ行っているとけっこうな出費。家庭用の小型マッサージ機を買い、マッサージ店に行く回数を減らすというアイデアも節約だ。あるいはシェアの発想で同居人同士でマッサージを行なうのだって立派な節約。そして浮いたマッサージ代を貯金にも回す「(マッサージ店に行った)つもり貯金」をすると、よりお金が貯まっていく。無理のない範囲で、お店を利用するのではなく自分にできそうなものはないか、探してみるといいだろう。

遊びで使うお金も予算化するといい。SuicaやPayPayなどに5千円や1万円をチャージして、「今月はこの範囲内で遊ぶ」と固く決意する。これもお金が貯まる体質をつくる根幹となる。**すぐチャージしたり、クレジットカードを使ったり、ATMへ走ってしまう人はいつまでもお金は貯まらないぞ。**

副業にはリスクがいっぱい？

最近はインターネットを使った商売がたくさん確立され、副業がしやすい時代になったといえる。自分のスキルや制作物、仕入れた物をインターネット経由で販売することができるので、お店を構えて看板を立てる、といった費用がほぼ不要になった。スキマ時間に稼げる方法はいくつも提案されている。

多くの人が本業以外の収入を得ることに大きな魅力を感じている。しかし日々本業をこなしながら副業収入を得るのは簡単なことではない。忙しすぎて体調を崩し、本業もままならない状態になってしまっては本末転倒だ。

会社が暇な時期とか、単発的なお小遣い稼ぎならいいが、中長期的な収入源として最適な副業を見つけるのは難しい。イラストを描く才能がある、動画を編集する技術がある、といった突出したスキルがあればいいが、競争は激化しているし、本業でやっている人たちに対抗するのは大変。仕事を勝ち取るために単価を安くしてしまったら、効率の悪い稼ぎ方に陥ってしまうこともあり得る。

会社の給料に満足できずに副業を探しているのであれば、むしろ、今やっている仕事を優先的に見直すほうがいいだろう。本業以外の時間で稼ぐことより、本業の密度をより濃くして稼ぐほうが合理的だ。転職活動にチャレンジしよう。

マッチングサイトやマッチングアプリを使って仕事を請け負い、お小遣い稼ぎする副業もある。庭の草取りや買い物代行など、単発の些細《ささい》な用事を受けてお金をもらうといった便利屋さん的な副業も。これなら時間に余裕のあるときだけ行なえるので、本業への負担も少なく、ちょうどいいお小遣い稼ぎにはなる。

ただしこういったプラットホームで気をつけたいのは**手数料。**運営側が手数料を取るのは仕方のないことだが、中には売上報酬の半分近くを抜き取るところもある。

イハラさん（仮名）はマッチングアプリで引越しの手伝いを請け負った。報酬は5万円となかなかいいものだったのだが、引越し用トラックの手配代やガソリン代など、諸経費で3万円もかかってしまい、利益は2万円ほどになった。問題はマッチングアプリの手数料。運営には5万円のうちの半分に当たる2万5千円を引かれてしまったので、結局赤字になってしまった。経費をまったく考慮せず、報酬からごっそり中抜きしていく。そんなダークなプラットホームもあるので気をつけたい。**登録制の副業マッチング系は条件内容をしっかり確認しよう。**

副業にはいろいろとリスクがつきもの。**挑戦するなら小さな範囲から着手するのがお勧めだ。**急がず慌てず、自分に合った無理のない副業を慎重に探そう。

ネットショップで稼いでいたら税務署が来た!?

専業主婦のツジさん（仮名）は編み物が趣味。友人に「ネットショップを開いて販売したら売れるのでは」と言われたのをきっかけに、試しにあるネットショップサイトに登録し、作品をいくつか出品した。思いのほか反響があり、すぐに在庫切れになる売れ行きだった。気をよくしたツジさんは、さらに編んでは出品を繰り返し、気がつけばネットショップ専門の一人前の編み物屋さんとなっていた。

開業当初はさほどの売上ではなかったものの、3年目を迎える頃には年間で150万円の売上が。ネットショップサイト内でも人気のクリエイターとして紹介されるようにもなった。しかし材料の仕入れ代や自身の手間暇を考えると、決して売上に見合った仕事とはいえなかった。でも編み物は大好きで、買ってくれた人も喜んでくれるので、ツジさんは夢中になって出品を続けていた。

そんなあるとき、ツジさんのもとに税務署から手紙が来たのだ。

冷や汗をかくツジさん。実は「**売上を立てているのだから、ちゃんと開業届などを出さないといけないのでは**」**と感じてはいた。**その度に「1千万円以上の売上じゃないと税務署は動かないと聞いたことがある。きっと大丈夫だろう」と言い聞かせていた。しかしこうして実際に通知が来て、慌てふためくことに。

ツジさんの編み物販売は立派な事業と考えられ、その稼ぎは事業所得に該当するといえる。きちんと確定申告し、事業所得を正直に報告して、稼ぎに応じた納税を行なうべきだった。ネットショップでツジさんが大々的に紹介されたことが税務署の目に留まり、税務署から「きちんと確定申告しないと脱税になりますよ！」と伝える警告の手紙が届いたわけだ。

こうしてツジさんは慌てて開業届を出し、確定申告もきちんとするようになった。もしこの手紙を無視し、その後もネットショップ経営を続けていたら……。痺れを切らした税務署が本格的に動き出し、**追徴課税のペナルティ**を負わせる可能性もあっただろう。

しかし、税務署も悪質な取り立て屋ではない。自分で商売しているならきちんと確定申告してね、と言っているだけだ。確定申告をする手間はあるものの、言われた通りに開業すればツジさんにはほとんど痛みはない。確定申告では材料費や配送料、ネットショップの手数料などを経費として計上することができる。売上から経費を引いた最終的な事業所得が少額となれば、税金の負担も抑えられるはずだ。

副業でそれなりの額を売り上げるようになったら、確定申告をしよう。でないと税務署が取り立てに来たり、銀行口座を差し押さえられるなんてこともある。

余裕資金で投資にチャレンジ

投資はお金自身に増えてもらう方法。しかし必ずしも増えるのではなく、減ってしまうことも考えられる。

だから投資は必ず**余裕資金**で挑戦すること。**お金がある程度貯まった段階で、「なくなっても問題ない」と思える金額を投じよう。**

少額から始められる、国が管轄している投資がいくつかある。国主導だから、お金を増やす投資としての側面だけでなく、控除を受けられる特典がつく。節税にもつながるので、最初の投資先としては超お勧め。国の投資関連制度の仕組みは年々ルールが変わっていくので、ここではざっくりと解説しよう。

NISA《ニーサ》は株式や投資信託などの金融商品から得られる利益が非課税（通常は2割の源泉課税）となる制度。大きく**一般NISA**と**つみたてNISA**があるが、それぞれの中身は制度の開始後にもいろいろと変更が加えられている。証券会社や銀行にNISA口座を開設し、この口座経由でNISAを利用して金融商品に投資するのが主な流れだ。運用を国や証券会社に丸投げするのではなく、投資先を自分で決めることになる。仮に投資先の価値が投資額を下回った場合は自己責任だ。

続いて**iDeCo**《イデコ》**（個人型確定拠出年金）**。いわば年金保険の「自分で自分の面倒を見る」バージョンであり、国民年金と厚生年金の2階建てのさらに上、3階部分に位置する年金だ。自分で投資資金を決め、自分で金融商品を選ぶ点はＮＩＳＡと似ている。しかし一種の社会保険制度なので、60歳まで解約することはできない。ただし、運用益は非課税だし、掛け金は全額控除対象になる点は大きい。

以上、節税につながる公的な投資制度を簡単に解説した。くわしくは、ＮＩＳＡなら金融庁、ｉＤｅＣｏなら厚生労働省、それぞれの公式サイトを確認しよう。

ほかにも投資と名のつくものはいろいろある。**債券（国債や社債などで比較的安全）、株式、不動産投資、ＦＸ**、最近では**仮想通貨**もよく話題になる。いずれも参入タイミングは重要だし、何より知識が求められる。**何もわからずに手を出しても、素人は火傷するのが定番のオチ。**

投資のポイントは短期で儲けることを考えず、長い目で見ておくこと。価値が上がった、下がったといちいち一喜一憂していると気が休まらない。ストレスのない、楽しめる範囲でやるのがちょうどいい。たとえば、株であれば応援したい企業に投資して、配当や株主優待がもらえたらラッキー、といった程度がいいだろう。

何度も念を押すが、投資よりもまずはお金を貯める力を身につけよう。そして各種社会保険をしっかり払うこと。それらを実践した上で、余裕資金を投資に回そう。

民間保険はライフプランを立ててから考える

保険が「非合理な支出」になっていないか確認しよう、という話はすでにした。ここではさらにくわしく触れていく。

前提としてまず社会保険について再確認しておこう。**日本国民全員が加入しているはずの健康保険。これは非常に有能な保険で、病気やケガをしたときに自己負担額を抑えながら治療できるシステムになっている。**あいにく病気やケガが完治せず、生活に支障をきたすことになってしまったら、年金制度から障害年金が受け取れる。会社でケガをしたなら労災保険適用だ。

というわけで、**公的な保険でおおよその不測の事態はカバーされると思っていい。**

民間の医療保険には、たとえば入院したら1日〇万円支給といったものがある。しかし医療技術の進歩などもあり入院期間は短くなる傾向にある。つまり医療保険の入院給付はたくさん受け取れるとは思えず、魅力は薄れてきている。

民間保険はそれぞれのライフプランによって選び方も変わるし、加入するタイミングも違ってくる。たとえば子どもが生まれる、あるいは生まれたのであれば、生命保険に入るタイミングだろう。万が一、自分が死んでしまったとしても、遺された家族が生活に困ることのないような保障は用意しておきたい。また子どもが大きくなったら個人賠償責任保険に入るのもいい。子どもが友達をケガさせてしまったり、人のものを壊して弁償することになった際に重宝する。

車を買ったら自賠責保険に加えて自動車保険にも入っておくと確実だし、ペットを飼ったならペット保険に入っておくと、もしものことがあったときに安心。

……といった具合で、人生に新しいイベントが訪れたタイミングで民間保険への加入を検討すればいいだろう。まだ何も人生プランが決まっていないときに民間保険に入るのは得策ではない。また保険と性質の似ているもので、**「都民共済」**や**「県民共済」**などの共済に入るのも選択肢の一つ。保険に比べて低額の保険料で加入できる。その分保障もささやかなものであったりはするが、毎年決算後に返戻金《へんれいきん》が受け取れたりとメリットもある。

かつては保険というと利率が高い見返りの大きなものも多数存在した。その頃のイメージが残っているためか、民間保険には入っておいたほうがいいと思っている人もまだまだいる。でも、今は大きな見返りはなかなか期待できない。貯金で備えるべきか、保険で備えるべきか、よく考えたい。

3-2

取扱注意！グレーなお金の増やし方

今、ラクして稼げている人も、昔頑張ったから、今のラクがあるハズ……。
最初からラクして稼げる方法なんてありません。
グレーな商売の甘いささやきには十分ご注意を。

残念だったな！ それは罠だ！

参入しやすいからこそ騙されることも!?難しい転売ビジネス

仕入れて売る、というビジネスモデル自体はシンプルな転売。仕入れ値に手間賃を上乗せして販売することで、自身の利益とすることができる。これを生業《なりわい》としている人たちは**転売屋、あるいは転売ヤー**などと呼ばれている。

転売行為自体に違法性はないが、最近では転売屋の過激な転売活動が問題となっている。新商品の発売日、販売店前に長蛇の列をつくっている大半が転売屋、という光景も過去にはいくつかあったようだ。注目の新商品がインターネットの通販サイトなどで、販売価格の何倍もの値段で転売取引されることも。本当に欲しがっていた人の手に届きにくくなっている事態が、不満やトラブルの元となっている。

昨今では転売してはいけないものが法律によって決められている。2019年には通称「チケット不正転売禁止法」が施行。音楽コンサートやスポーツ観戦のチケット転売の取り締まりが強化された。**販売価格を上回る額で転売を行なうと罰せられる。**

また、転売を生業として行なう場合は、**警察署に古物商許可申請している必要がある。**転売によって得た利益を確定申告せず**脱税**をしていた場合も違法となる。もし転売を副業にすることがあるなら、この点には十分に気をつけよう。

実際の転売市場を見てみると、多くの人が思うような利益をあげられていない。

仕入れ額を下回る額で売ることになってしまって赤字となったり、売れない在庫をたくさん抱えてしまうケースもある。

注文が入ってから仕入れて販売するという**「無在庫転売」**の手法もある。しかしこれはリスクが高い。在庫切れで仕入れられなくなることもあるし、流通に時間がかかってしまってクレームの原因になることが考えられる。

人気の商品を扱った商売だとすぐに競合が現れ価格競争となり、利ざやが減る一方だし、逆に人気のない商品だといつまで経っても売れなかったり。結局あまり儲からないというのが多くの転売ヤーがたどる運命だ。

シンプルなビジネスで参入しやすい。だからこそ技術が問われる。転売は相当な目利きの力、トレンドを読む力が備わっていないとうまくはいかない。片手間にできるものではなく、副業としてはあまり勧められないというわけだ。

転売塾と称して稼ぎ方を提供してくれる人もいるが、転売の成功者が本当にライバルを増やすようなことをするだろうか。すでにノウハウが古くなって使えないから、過去に売り上げた「月商〇百万円」の実績を謳い文句にして、塾生から塾代を巻き上げようとしているだけかもしれない。信用に足るかどうか、慎重に判断したい。

お金も友達もなくすかもしれない マルチ商法

イチイさん（仮名）は職場で知り合った同僚から「あなたに勧めたい化粧品がある」と声をかけられ、終業後に食事をしながら詳細を聞いた。同僚は副業で化粧品の販売員をやっていて、親組織から商品を買い付け、人に勧めて売っているという。しかも親組織の会員になれば、会費はかかるものの安く商品を仕入れることができ、売れば売るほど儲けが自分のものになるという。おまけに会員も増やすことができればマージンを受け取ることもでき、一石二鳥になるというのだ。

実際に化粧品をいいものだと感じたイチイさんは入会を決意。会費は入会費10万円、月額は3万円。さっそく10万円分ほど親組織から商品を仕入れたイチイさんだったが、販売活動は難航した。職場の人にも声をかけたが、かなり冷ややかな反応が返ってきた。学生時代の知り合いにもコンタクトを取ってみたが、電話口やチャットで**「それマルチでしょ」「もう二度と連絡しないで」と縁を切られることもあった。**約束を取り付けて何とか会えたとしても、**「そんな商売はすぐに解約したほうがいい」**と逆に説得される始末だった。

「とてもいい商品なのに」と落胆するイチイさん。仕入れた10万円分の在庫は返品できない。すでに半年が経ち、会費や交通費、飲食費などを含めるとかけたお金は40万円を軽く超える。なんとか回収しようと躍起になるが、やればやるほど友達が減り、職場でも浮いてしまい、負債も増え、肩身の狭い思いをするのだった。

マルチ商法。ネットワークビジネスやマルチレベル・マーケティングと呼ばれるこの商売は、イチイさんの事例のように新規会員を増やして組織を拡大していくビジネスだ。**勧誘相手にきちんとビジネスの詳細を説明しており、強引な手法を取らなければ違法性はない。**しかし法の網をかいくぐるようにして、巧みに誘い込む人たちがいる。そして在庫や負債を抱えて悲しい結末を迎える人が後を絶たない。

最近では**出会い系のマッチングアプリを使ったマルチ商法**もある。最初のうちは普通の恋人同士のようにデートを重ねるのだが、何回目かで急にマルチ商法の話を持ちかける。すでにいい関係を築けていると、情も移ってしまっていて断りにくい。嫌われたくないという気持ちから契約してしまうのだ。

かなり危険なこのビジネス、自分には合わないと感じたら速やかに辞退しよう。その場では勢いで契約してしまい、後になって後悔したのなら**クーリング・オフ**というキャンセル制度を使おう。マルチ商法の場合、契約から20日間までなら解約が可能。勧誘の流れや契約内容に問題がある場合は20日以上経過していても解約できることもある。まずは**消費生活センター**に相談するといいだろう。

魅力はあるがリスクも大きい フランチャイズ

事業を営んでいる本部と契約し、ブランド名や運営ノウハウを伝授してもらい、その代わりにロイヤリティとしてお金を納めるのが**フランチャイズ**。大手チェーンでもフランチャイズを実施しているところは多く、大手コンビニとフランチャイズ契約し、安定した収益を得ているオーナーだっている。**フランチャイズ自体は健全な契約形態の一つであり、まったく問題はない。一攫千金《いっかくせんきん》の夢も大きい。副業から始めて、少しずつ規模を拡大、事業が安定したら会社を辞めて専念する、という流れで成功をつかむパターンもある。**

だが、フランチャイズという印象のいい言葉を餌にして、**悪どい搾取**を狙う業者も決して少なくはない。

タカノさん（仮名）は、商品の買取サービスのフランチャイズに加盟した。顧客から買い取ったものは本部に買い取ってもらえ、その差額が利益として懐に入る。ロイヤリティとして本部に月50万円払う契約だったが、本部が買取価格の数倍で買い取るので十分に利益が出るとのことだった。

一人からでも始められ、大きな店舗を構える必要もない。しかも本部が買い取ってくれるので在庫を抱える心配もない。初期費用は研修代の１００万円と店舗費用など諸費用を合わせた１５０万円とリーズナブル。本部と連携している金融機関から難なく借りられた。

いざ始めてみると事業の難しさに翻弄される。値踏みして買い取ったものを本部に提出すると「これはコピー品だから値打ちなし」。本部に買取価格0円と言い渡されること数回。目利きの力をつけようと奮闘するが、赤字続きでなかなかうまくいかなかった。さらに近所に別の加盟店ができ、より経営は苦しくなった。

資金が回らなくなって、ロイヤリティも払えなくなり、フランチャイズ契約の解除を要請した。しかし解約には違約金300万円がかかるという。「こちらはノウハウを教えたのだ。ノウハウ提供代としてそのくらいのものはもらわないと」という会社の言い分で、契約時にもその旨は伝えられていて承知の上ではあった。

これ以上のランニングコストはお金をドブに捨て続けることになるだけ。開店資金のローンに加えて違約金という大きな借金を抱えることになるが、タカノさんはフランチャイズ事業から完全撤退したのだった。

このような結末に至ったのは、タカノさんが買取事業に向いていなかったこともあるが、フランチャイズ本部の面倒見の悪さも原因の一つ。すでに商売のノウハウと需要の開拓が確立されているのがフランチャイズの魅力だが、**契約したらあとは知らんぷり**なハズレを引く可能性もある点には警戒したい。

クロに限りなく近い？　怪しい投資話

少しずつグレーの度合いが濃くなっていくぞ。続いては**怪しい投資話**についてだ。「必ず儲かる」「ノーリスクで稼げる」なんて話が持ちかけられたら、99％詐欺だと思ったほうがいい。そもそも「必ず儲かる」「元本保証」は、これを言った時点で金融商品取引法違反だ。

実際、一見すると安定的に稼げそうな投資もある。手法を教える側も、「本当に稼げる」と信じているからこそ勧めているケースだってある。だからこそ信じてしまう人もいるのだろう。しかし時間が経つにつれて価値が目減りし、最終的には赤字を出し続けることもあるのが投資の怖いところだ。

イマナカさん（仮名）は新築マンションのワンルーム投資に興味を持った。できたてのマンションの1室を所有し、入居者をつけて家賃収入で稼ぐ手法だ。販売する不動産会社の営業員の売り文句は「利回り4％」「新築なのですぐ入居者がつく」「お金が必要になったら売って現金化すればいい」といった魅力的なものばかり。マンション価格は3千万円で、家賃収入から月々の返済を差し引いたものが手元に残る。営業員の言う通り、低リスクで確実に稼げる投資だと感じたイマナカさんは、すぐにローンを組んで投資をスタートさせた。

当初は順風満帆だった。人気エリアとあってすぐ入居者が決まり、初期費用を差し引いても営業員の言う通りの利回りが出せている。しかし2年目の終わりに曲がり角にさしかかった。入居者が契約更新をせずに出ていってしまったのだ。すぐに次の入居者募集をかけようと思ったのだが、不動産会社から「家賃を5千円ほど下げるべき」と提案された。最初に設定した家賃は新築だからこその価格。人が入った瞬間にその物件は中古になってしまい、家賃を下げないと入居者は見つからないという。すぐに人が入らないとローン返済が滞ってしまう。仕方なく要求をのんだ。手元に入る収入が一気に5千円減り、利回りも半分近くに減ってしまったのだった。

さらに3年目、4年目と年月を重ねるごと、今度はマンションの管理費や修繕積立金が値上がりし重石《おもし》となってきた。そして5年目、ついにマンション投資は赤字へと突入してしまったのである。「もうこれ以上は」と思ったイマナカさんは売却することを決意。しかし査定価格は1千5百万円と購入時の半額で、ローンの残りを相殺することはおろか、これまでの収益をトータルしても赤字となってしまったのである。投資大失敗だ。

営業員の言うことをすべて鵜呑《うの》みにするのは危険だ。**万に一つ、本当においしい投資話だったとしても、**なくなってもいいお金、投資用として貯めていたお金でチャレンジするようにしよう。

「楽して稼げる」が売りの謎ビジネス

ナカタニさん（仮名）は飲み屋でたまたま隣り合わせた人に「楽して稼げるビジネスがある」とビジネスの話を持ちかけられた。その人が懐から取り出したのは謎のメモリスティック。「この中に入っているツールを参考にしながら取引をすれば毎月必ず20％以上資産が増える」というのだ。このメモリスティックは本来であれば100万円するが、ナカタニさんには特別に半額の50万円で売るという。

実際にその場でパソコンにつないで、デモも見せてくれた。ツールを起動することで、パソコンで世界の多様な取引に参加することができる。あとは「先生」と呼ばれる人から定期的に情報が入ってくるので、それを頼りにツールをちょっと動かして取引すれば、投じた資金が簡単に増えていくという。

飲みの席で気持ちが高揚し、またその人とも意気投合したからだろうか、ナカタニさんは二つ返事で「やる」と言ってしまった。店を出てATMへ直行、50万円に加えて初期投資費用の10万円を手渡しし、メモリスティックを受け取った。

さっそく取引を始めるナカタニさん。先生と呼ばれる人から届くメール通りに動かしていくと、初月から結果が出た。10万円の軍資金が12万円に増えたと画面には表示されたのだ。さらに翌月は20万円と、初期投資額の2倍となった。

「これはすごいビジネスだ」

気を良くしたナカタニさん。再び紹介者と落ち合い、今度は資金として100万円を手渡しした。

ここから一気に坂を転げ落ちることになる。言われた通りに取引を行なっても損失を出すばかり。そのタイミングで、先生からの情報も届かなくなった。「おかしい」と感じたナカタニさんは紹介者に連絡を取ろうとするが、もらった名刺に書かれた番号は「現在使われておりません」。ここでようやくナカタニさんは裏切られたことを実感するのだった。

これまでの怪しい投資話と同様、**「儲かるビジネスを教えるからお金を払え」系は絶対ダメだと思ったほうがいい。**ナカタニさんの例のように、最初の数回は良い結果を出して（あるいは捏造して）、さらにお金を搾取したところで煙のように消える、という悪どい手法もある。あるいは本当に途中まではうまくいっていたけれど、ダメになったので持ち逃げされたという可能性もあるだろう。いずれにしろグレーなビジネスに乗ったナカタニさんにも落ち度はある。

楽して稼ぎたいというのは誰もが思うことであるが、そんなうまい話、本当はない。あったとしても、**犯罪まがいの行為に加担させられるだけだ。**

3-3

ダメ絶対！NGなお金の増やし方

最近は、若者がターゲットのSNSを悪用した怖い詐欺も増えています。「ウチらはネットに強いから」と余裕ぶっている人ほど、カモにされてしまうかも……。念には念を！ ケーススタディしておきましょう。

気づかないまま犯罪者！
巧妙な手口で悪の手助け！

若者がターゲットにされやすい投資詐欺

暗号資産、通称仮想通貨というものが一時期大流行した。世間の注目が高まった絶頂期では**「億り人」**を生み出すほど値上がりし、莫大な売買益を出した人がいたのも事実だ。

しかし注目されればされるほど、流行に便乗して利益を得ようと悪知恵をたくらむ詐欺師が現れるもの。仮想通貨に関する詐欺について紹介しよう。

ヤノさん（仮名）は学生時代の先輩を通じて自称投資ブローカーを紹介された。仮想通貨についてくわしく、今後値上がりする仮想通貨の情報を握っているという。

「私にお金を投資してくれれば必ず10倍にして返すことができる」と自信ありげだ。

仮想通貨の注目度が高まっており、自分も参加してみたいと思っていたヤノさん。しかし知識がないためにどの仮想通貨に手を出していいのかわからない。これは心強い人と知り合えたと思った。

「乗るなら今しかない」と先輩にも背中を押され、300万円の貯金を引き出し投資ブローカーに託した。10倍になったら3千万円、これはいいぞ。

そこから1カ月、まったく音沙汰がない。先輩とも連絡を取れなくなっていた。ようやく詐欺だと気づいたヤノさんだった。

さすがにこんな詐欺に引っかかるわけがないと思うかもしれない。しかしよく知った人物、お世話になっている人の紹介とあれば、そしてその投資先が流行のものであれば、ころっと信じてしまうこともある。

さらに巧妙な手口で詐欺をするこんなケースもある。

ノハラさん（仮名）はSNSで知り合った自称投資家に、「これから仮想通貨を買ってもすでに値上がりしているので遅い。それなら仮想通貨取引事業を扱っている会社の株を買えばいい。取引が盛んで手数料で儲かっている」と、仮想通貨取引を営んでいるとある会社の未公開株の購入を勧められた。上場の予定があって、実現したら100倍以上の株価になるかもしれないという。仮想通貨を買うよりも理に適っていると感じたノハラさん。快諾し50万円分の未公開株をその投資家経由で取得した。

もう結末はおわかりだろうが、その後は**音信不通。完全に詐欺だ。**そもそも会社自体も本当に仮想通貨の取引をやっているのか疑わしく、架空会社の可能性が高かった。

流行に敏感な若者をターゲットにした投資詐欺は、これからも世にたくさん登場することだろう。**紹介したケースから得るべき教訓は、即決をしないこと。**急かされてもすぐには乗らず、考える時間を設けるべきだ。自分では判断できなければ周りに助言を求めよう。

SNSのキャンペーンに当選したら詐欺の「受け子」になっていた

受け子とは詐欺の片棒。特殊詐欺においてお金を騙し取る相手から、現金やキャッシュカードを受け取る役目を担う人を指す。**受け子は詐欺だから、絶対にやってはならない。**しかし受け子とは知らずに、気づいたら犯罪に加担していることもある。

「○○駅前の時計塔に、昼の12時にお年寄りが紙袋を持ってやって来るからそれを受け取って。お礼に10万円あげるから」

明らかに胡散《うさん》臭い誘いだが、報酬に目がくらんで請け負ったところ、気づけば詐欺のお手伝いをしていました、なんてことも。しかも警察に勘付かれて逮捕されてしまったら、重い罪を背負うことになってしまう。詐欺だと知らなかったと訴えても、「10万円がもらえると聞いておかしいと思わなかったのか」と言われてしまえば反論の余地はない。状況から犯罪に加担していたと判断され、罪に問われる可能性があるのだ。

「自分は絶対にこんなのには引っかからない」と思っていても気をつけたい。詐欺集団はさまざまな手段を使って共犯者を得ようとする。

ハラさん（仮名）はSNSでよく開催されている「抽選でお金プレゼント」といったお金配りキャンペーンに片っ端から応募しまくっていた。

あるとき「当選しました！」のＤＭが届き狂喜乱舞。口座番号を教えると現金3万円をすぐに入金してくれるという。さっそく教えたところ「入金しました！」の返事。口座を確認してみると、なんと「３００万円」の振込みがあった。

「金額が間違っているみたいですが」

「すいません！　急いで入れたら桁を間違えてしまいました。お手数なのですが口座から引き出して指定の場所へ持ってきてくれませんか」

「振込みじゃなくて直接持っていくんですか」

「はい、お礼に10万円を渡しますので。お願いします！」

10万円もらえるなら、と従うハラさん。しかしこれは受け子として詐欺に加担してしまったのだ。ハラさんに振り込まれた３００万円は、ＤＭ相手が詐欺を行なって振り込ませたお金だった。これも詐欺だと知らなかったとはいえ、足がつかないよう３００万円を手渡しすること、10万円という破格な見返りがある点から、ハラさんも罪を問われてしまう可能性がある。

このように、普段の生活の延長上で犯罪に加担することもある。いずれのケースにしろ「どうもおかしい」と感じた時点で警察に相談するのが吉。目先の欲に惑わされてしまい、過ちを犯さぬようにしたい。

知らないうちに借金してた……恐怖の新型ヤミ金

「今すぐお金が欲しい！」

だからといって借金をするのはよくない。スマホで簡単、審査なし、30分足らずで融資が受けられる、なんて触れ込みの消費者金融はたくさん存在するが、手軽に手持ちが増えるからといって安易にお金を借りると後が苦しい。借りたものは返す必要があるし、借金には利子がつく。結局は身銭を切ることになるのだ。まして闇金のような高金利のところから借りるのは愚の骨頂としか言いようがない。

「自分は絶対に借金をしたりはしない」と思っていても安心してはいけない。「気づいたらお金を借りた状況をつくられてしまっていた」という事態もあり得るのだ。**「新型ヤミ金」**と呼ばれる恐ろしい手法について説明しよう。

金欠のミヤマさん（仮名）。所有している腕時計を売ろうと、高く買い取ってくれるところがないか探していた。すると「高価買取、即現金化」という広告が目に飛び込み、販売申し込みをした。すぐに「5万円で買い取ります」と、想定以上の価格が提示された。利用規約にもほとんど目を通さずに承認。待つこと1時間、本当に口座に5万円が振り込まれた。すぐにミヤマさんは指定された住所宛に腕時計を送ったのだった。

これで一件落着と思えたのだが……。数日後、その買取業者から「品物が届いていない」という連絡があった。「このまま届かないなら規約通りキャンセル扱いにする」「キャンセルの場合は違約金と手数料、合わせて10万円を振り込むこと」と言われてしまった。焦るミヤマさん。配送会社に問い合わせてみたが、確かに届けていて、送り先にサインも書いてもらったという。しかし買取業者は「受け取っていない」の一点張り。仕方なくミヤマさんは消費者金融からお金を借りて、10万円を振り込むことになったのだった。

「先払い買取」と呼ばれるこの手法、非常に悪質である。新型ヤミ金と呼ばれる理由は、先払いされたお金が借金であり、違約金や手数料は利子ととらえることができるのだ。ミヤマさんはきちんと商品を送ったため、借金プラス腕時計を盗られるという、二重の詐欺にあったようなもの。中には買い取ってもらう商品は持っておらず、ネットで拾った適当な画像を業者に提示して、希望の額を振り込んでもらう利用者もいるそう。キャンセル前提、高利子がつくのも覚悟でお金を借りるまさにヤミ金としての利用方法だ。

ヤミ金業者も悪知恵を駆使して、時代に合わせたさまざまな手口を考える。「先に現金化」してくれる系の業者はヤミ金ととらえるべきだ。買取で現金を得たいのであれば、中古品店や質屋など実店舗に行くのが賢明だ。

COLUMN

当たり前だけど……実は健康でいることが最強の錬金術

お金を増やすアイデアや、お金を増やしていく上で気をつけたい話をしてきた。**最後にもっとも大切な、お金を増やすのに不可欠な要素を伝えたい。実は病気にならないこと、健康でいることが最強の方法なのだ。**

基本中の基本だが、栄養バランスの取れた食事、十分な睡眠、適度な運動が健康でいることの絶対条件。ときには羽目を外すのもいいが、睡眠不足が続いて疲れを溜めてしまったり、金欠で質素な食事が続くことのないよう配慮したい。

体への負担を抑えることも、日々の生活の中で気をつけておきたい。

たとえば大好きなお酒を控える日をつくる。肝臓への負担を軽減する上に、出費も減る。健康になりながら、かつお金が貯まりやすくなる有効な錬金術だ。タバコも同様で、健康を脅《おびや》かすリスクは高く、価格は値上がりの一途だ。**健康的にも金銭的にもほとんどメリットはない。**

ただし、**こういった嗜好品の我慢はやりすぎると精神的なストレスにもなりかねず、かえって不健康を引き寄せてしまうおそれがある。**自分のできる範囲でほどほどにコントロールしながら、今以上の健康を手にする方法を模索していこう。

社会的なストレスをなるべく軽減するのも健康管理の一環だ。不健康の巣窟ともいえるブラック企業をさっさと辞めるのも健康のため、命のため。一方、ほかの人にとってはストレスのない環境でも、気づかないうちにイライラを募らせてしまうこともある。ストレスフリーな環境は人それぞれ。自分にとってどんな生き方や働き方が低負担で健康的なのか、考えて選んでいくようにしよう。

最後にあげておきたいのが**早期発見と早期治療。**早い段階で病魔を見つけることができれば、治療にかかるお金も抑えられるので経済的だ。

会社員なら会社が健康診断を受けさせる義務を負っている。健康診断の結果、異常が認められたら速やかにより精密な検査を受けよう。放置は禁物だ。フリーランスの人は、ぜひ国保の健康診断へ。

早期発見のポイントは、地元にかかりつけ医を見つけておくこと。定期的に診てもらうことで自分の健康データが病院に蓄積されるので、前回との差がすぐにわかり、悪いところの早期発見につながる。毎回違う病院を訪ねるのは得策ではない。**「今はまだ若いから」と他人事扱いしてはいけない。**健康維持は人生最大の投資であり保険。将来の安心のため、今から習慣づけておいて、「健康の積み立て」をしていこう。

エピローグ

この本は、危険察知能力を伸ばすためにできました。

ブラック企業を嗅ぎ分ける力
将来お金に困らないようにするための手段
お金が絡んだ罠に引っかからないための予備知識

ここで得た知恵を持ちながら生きていくのと、何も知恵を持たずに生きるのでは、人生の楽しさ豊かさに大きな差が出てきます。今あなたが問題に直面していなくても、この本で得た知恵が活かされるときが訪れるでしょう。もし、周りの人が問題に直面していたら、相談に乗ってあげることもできるはずです。日々の生活でわからないことが出てきたり、内容を忘れてしまったら、またいつでもこの本に戻ってきてください。**解決のためのヒントがきっと転がっています。**

ここには書ききれていない、ちょっといい知恵がまだまだたくさんあります。また一方で、悪知恵も、時代とともに進化していくでしょう。

また、できればこの本を傍らに置いて、仕事のことやお金のことについて、いろいろな人と語り合う時間を設けてみてください。そうすることで、さらにみんなで知恵を深めて、より隙のない、充実した人生を送ることができます。

この本をきっかけに、より多くの人が自分らしい人生を送られることを祈りながら、本書の締めとします。ありがとうございました。

主な相談先

● **ブラック企業に法的手段で対抗したい**
日本労働弁護団、各地の弁護士会、日本司法支援センター（法テラス）

● **個人加盟できる労働組合（合同労働組合・地域ユニオン）**
全国ユニオン、コミュニティ・ユニオン全国ネットワークに加盟する各地の個人加盟のユニオン（「プレカリアートユニオン」など）

● **ハラスメントについての相談なら**
ハラスメント悩み相談室（厚生労働省委託事業）

● **労災保険のことなら**
労働基準監督署

● **雇用保険、就職活動について**
全国各地のハローワーク（公共職業安定所）

● **労働組合の全国組織**
日本労働組合総連合会、全国労働組合総連合

● **年末調整・確定申告のことなら**
税務署

● **健康保険について**
全国健康保険協会

● **年金のことなら**
年金事務所

● **買い物、勧誘、悪質商法に関するトラブルのことなら**
国民生活センター、消費生活センター、消費者ホットライン

参考文献

● 東京都労働相談情報センター『令和4年版 使用者のための労働法』東京都、2022年
● 日本労働弁護団『新・労働相談実践マニュアル』日本労働弁護団、2021年
● 佐々木亮『会社に人生を振り回されない 武器としての労働法』KADOKAWA、2021年
● ブラック企業被害対策弁護団編、清水直子著『ブラック企業を許さない！ 立ち上がった若者たちに学ぶ闘い方マニュアル』かもがわ出版、2014年
● 永易至文『にじ色ライフプランニング入門 ゲイのFPが語る〈暮らし・お金・老後〉』太郎次郎社エディタス、2012年

監修者（五十音順）のプロフィールと連絡先

● **佐々木亮（ささき りょう）**

東京都立大学法学部を卒業後、2003年に弁護士登録。2013年、「ブラック企業被害対策弁護団」の創設に携わり代表を務め、現在は顧問。2022年11月より日本労働弁護団幹事長。労働者側に立った弁護士活動と同時に、Yahoo! 個人ニュースなども通じて、労働者の権利をわかりやすく解説し続けている。

Twitter　@ssk_ryo

旬報法律事務所　https://junpo.org

● **清水直子（しみず なおこ）**

中央大学経済学部を卒業後、ライターや労働組合で活動する。2012年に、個人加盟できる労働組合（合同労働組合・地域ユニオン）であるプレカリアートユニオンの設立に参加。物流・介護・教育などさまざまな職場のハラスメント、残業代の不払い、解雇、内定取り消し等、数多くの相談に取り組む。現在、同ユニオンの執行委員長。

プレカリアートユニオン　電話　03-6273-0699、https://www.precariat-union.or.jp

● **永易至文（ながやす しぶん）**

東京大学文学部を卒業後、出版社勤務を経てフリーランスの編集者、ライターとして活躍。LGBTコミュニティの雑誌の創刊やWebマガジンでの執筆、NPO法人パープルハンズの事務局長などを務めつつ、行政書士事務所でさまざまな生活相談に応じている。行政書士。2級ファイナンシャルプランニング技能士。

Twitter　@nagayasu_shibun

東中野さくら行政書士事務所　http://sakura-gyoseishoshi.com

執筆者紹介

● **小西秀昭（こにし ひであき）**

電気通信大学を卒業後、教育・広告業界などで仕事をしながら作家を志す。現在はシナリオ、書籍執筆、コピーライティングなどで活躍中。編集協力書籍に『成功する住宅購入の教科書』（合同フォレスト）、『クオンタム思考』（日経BP）、『建物の値段は頼み方で9割決まる』（ヨシモトブックス）などがある。

小西秀昭Facebook　https://www.facebook.com/h.k.atonewag/

搾取《さくしゅ》されない！　だまされない！　損《そん》をしない！
20代《だい》からの働《はたら》き方《かた》とお金《かね》のこと

令和5年1月10日　初版第1刷発行

著　者　みんなの働《はたら》き方《かた》改革研究会《かいかくけんきゅうかい》

発行者　辻　浩明

発行所　祥《しょう》伝《でん》社《しゃ》

〒101-8701
東京都千代田区神田神保町3-3
☎03(3265)2081(販売部)
☎03(3265)1084(編集部)
☎03(3265)3622(業務部)

印　刷　萩原印刷

製　本　ナショナル製本

ISBN978-4-396-61800-1　C0030
祥伝社のホームページ・www.shodensha.co.jp